世界が日本経済をうらやむ日

イェール大学名誉教授　内閣官房参与
浜田宏一
エコノミスト
安達誠司

幻冬舎

世界が日本経済をうらやむ日

まえがき

2014年12月14日の総選挙で、自由民主党（自民党）が圧勝した。安倍政権が誕生して約2年が経過したが、今回の結果は、景気の回復を続けるためにアベノミクスを継続することを、日本国民が広く受け入れられたからであろう。

4月に消費税が8％になったことで、2014年7〜9月期の実質GDP成長率が4〜6月期に続き、2四半期連続のマイナスとなってしまったのは残念であるが、消費税10％の引き上げが延期されたので、景気が再び軌道にのるのは間違いない。

実際にアベノミクス発動以降、株価は上がり、為替も円安へと動いている。失業率も1998年以降、過去最低になっており、正規、非正規の雇用者数も、最新のデータでは伸び始めている。

「物価が上がっても、給料が増えない」という批判があるが、これも増加に転じていることは本書を読めば理解してもらえるだろう。

また、今まで失業していた人や新卒で就職できなかった人たちが、確実に職に就き始めているのに、現在働いている人の賃金ばかりを気にするのはおかしい。

ところで、なぜ私が日本経済が好転することに自信を持っていたのかは、詳しくは本文にゆずるが、経済学の長い歴史によって明らかな貨幣経済のメカニズムを理解すれば、アベノミクスにより景気がよくなるのは当然のことである。

それなのに、いまだに多くの経済学者、政治家、識者、メディアがアベノミクスについて誤解をし、日本国民の不安を必要以上にあおっている。

なかには間違った金融政策が二十数年間とられて、デフレが続いていた不況期に、時計の針を戻したいといわんばかりの意見が新聞や雑誌をいまだ賑わしている。失業者や自殺者が増え、生活に苦しんでいる国民が多かった時代のほうがいいというのか？

経済学の知見がすでにアベノミクスを通じて実証されている以上、私は経済学者として、時計の針を逆に巻こうとする人々を看過《かんか》できないのである。

それではなぜ、これまでの政策当局は日本の不況の原因を見誤り、間違った政策を続けてきたのか？

それは、私ども経済学者がわかりやすい言葉で、経済の原理原則を日本国民に語らなかったことも一因ではないかと思う。前著『アメリカは日本経済の復活を知っている』（講談社）が政策の人間模様、つまりアベノミクスの社会学、人間学であったとすれば、本書は「アベノミクスの経済学」であり、なぜアベノミクスがデフレ退治に効いたのかの理由を、経済メカニズムを解き明かすことにより、十分に説明しようとするものである。

「経済を知る」ことは、「豊かに生きる」うえで非常に重要である。なぜなら経済に疎《うと》い国民は、経済を知らない政治家を選んでしまい、結果として国民の不幸につながるからだ。

この本を読んで日本経済を正しく理解できるようになれば、目先の株価の乱高下や為替変動などに振り回されなくなり、将来の不安も軽減するだろう。

私は、もうこれ以上、誤った経済政策により、日本国民が苦しむ姿を見たくない。

私は40年にわたって東京大学とイェール大学で教え、研究しながら、マクロ経済政策の問題と向き合い続けてきた。

そして、「経済学者は、生涯をかけて現実の経済問題に関わらなければならない」ということを身をもって教えてくれたのは、私の師、ジェームズ・トービン（イェール大学）とフランコ・モディリアーニ（マサチューセッツ工科大学）だった（トービンは1981年に、モディリアーニは1985年にノーベル経済学賞を受賞した）。

世界は、貨幣を扱う貨幣経済で成り立っており、実物現象と貨幣現象が互いに影響し合うことを無視しては、経済政策の正しい評価ができないのである。

本書により一人でも多くの日本国民が経済の正しい知見を身につけ、誤った経済政策を見咎《みとが》める能力を得て、日本をより住みよい社会にしていくことができれば、著者としてこの上ない喜びである。

なお、本書は全編にわたって共著者である2人の知見をもとに書いている。読みやすくするため、第7章を除き、浜田が一人称で書いている点をご理解いただきたい。

2015年1月

浜田《はまだ》宏一《こういち》

世界が日本経済をうらやむ日／目次

まえがき……3

第1章　アベノミクスはなぜうまくいったのか

アベノミクスがなぜ効いたかを本当に理解している人は少数派……17
金融緩和が効かない状況もある……23
「不況には2種類ある」ことを理解しているか……24
「金融緩和」「財政政策」と「成長戦略」はまったく別物……26
なぜ日銀は自由にお金が刷れるのか……28
景気回復のからくり……29
「インフレ目標」が最も重要……32
銀行貸し出しが増えないのに、なぜ景気が回復したのか……35
「財政政策」で景気は回復するのか……38
「成長戦略」が最も効くタイミングとは……41
「成長戦略」とは「規制緩和政策」である……43
「構造改革至上主義」が日本の不況を長引かせた……45
「実質GDP成長率」を上げることが最優先……46

小泉内閣の構造改革に欠けていたもの……48

第2章　日本の不況の原因は円高だった

「金融緩和は効かない」は大間違い……52
日本とアメリカのバブル崩壊後の全貌……53
デフレとは「企業間の値下げ競争」……58
デフレが長引くと企業が弱体化する……61
非正規雇用が激増した理由……62
なぜ日本で円高が定着していたのか……63
中央銀行が為替を動かしている……67
円高は日本経済に大きな不利益を与える……69
円高が地方を衰退させてきた……70
円安が景気を回復させる……71
リーマン・ショック後、デフレとドル高を見事に乗り切った米国……73
アメリカも日本の景気回復に期待している……75

第3章　デフレが日本を滅ぼす

デフレと人口減少は関係ない……80
里芋だけで日本料理は作れない……83
「中国発デフレ論」も正しくない……86
「デフレはモノが安くなるからいいこと」は本当か……87
デフレになるほど失業者は増える……90
デフレは自殺者を確実に増やす……94
現在の株価はバブルではない……95
「金融緩和をしても物価は上がらない」の嘘……98

第4章　なぜ日本の財政赤字はここまで膨らんだのか

日本の財政赤字の謎……106
財政再建だけで景気は回復しない……108
増税は必ずしも税収アップにつながらない……112
消費増税は正しい政策か……113

勝手に変えられた新聞記事のタイトル……116
あの手この手で国民を誘導する財政再建至上主義者……118
なぜ増税したがるのか……119
世界の投資家は日本の財政赤字を気にしていない……121
財政再建至上主義者の弊害……122

第5章　なぜこれほど金融緩和が効くのか

金融緩和により円安が生じたのは明らか……126
銀行貸し出しが増えずとも、景気はよくなる……130
予想インフレ率が上がると、なぜ景気がよくなるのか……133
トップの発言だけで日本の株価は上がる……138
なぜ株価が上がると総需要が増えるのか……139
株高と「トービンのq効果」……140
マクロ経済学の教科書では教えてくれないこと……143
マクロ経済学の教科書には欠陥があった……145
実は経済的弱者を最も救っているアベノミクス……147

賃金上昇のカギは「完全失業率の低下」……148
給料はすでに上がり始めている……153
アベノミクスは金持ち優遇ではない……156

第6章　「貨幣が経済に効くか否か」には250年の歴史がある

マクロ経済における「貨幣」の役割とは……160
「マーシャルのk」という考え方……162
金融緩和は行わないほうがいいという学説もある……164
マクロ経済学の基礎を作ったケインズ……166
ケインズ経済学の教科書の弊害……167
計量経済モデルにより、マクロ微調整政策の過信が生まれた……169
フリードマンの「マネタリズム」とは……171
我が師トービンの「資産選択の理論」とは……172
フリードマンの巧妙な理論……175
ルーカスによるケインズ批判……176
経済学の時計を巻き戻したルーカス……178

物価が上昇すると失業率が下がるのはなぜか……179
非現実的な結論を生むプレスコットの手法……181
経済学の論争の歴史は「金融緩和は効くのか否か」だった……184
36という奇妙な数字の連続……185
経済学に最大の害毒をもたらした学説……187

第7章 「株と為替で確実に稼ぐ」ことは可能なのか――安達誠司・浜田宏一による対談――

アメリカに油揚げをさらわれた日本……192
アベノミクスを否定する人が債券市場関係者に多いのはなぜか……193
莫大な利益を得る投資の方法……196
ヘッジファンドの投資戦略……199
投資で勝つ人の特徴とは……203
ソロスは日本の金融緩和が効くことを知っていた……205
株価チャートで儲けることはできるのか……208
儲けるには分散投資がいい？……212
なぜ日本の機関投資家はアベノミクスで株を売ったのか……215

GPIFと株価との関係……219
マクロ経済学の専門家がほとんどいない日本……223
アメリカ人に利益を奪われないために……225
ソロスは金融政策に呼応した投資をしている……226
為替レートの動きを予想する……228

終章　世界が日本経済をうらやむ日

日本ほどいい国はない……234

あとがき……243

第1章

アベノミクスはなぜうまくいったのか

「アベノミクス」が発動されて、2年以上が経過した。

当時は批判する人も多かったが、現在はほぼデフレを脱却し、労働市場も活況を呈し、株価も順調に推移している。2014年4月の消費増税の影響があって、2014年の第2、第3四半期のGDPはマイナスとなったが、消費税10％への引き上げも延期され、原油価格の下落も日本経済に追い風である。

数カ月のうちに、日本経済は再び確固たる軌道にのるのは疑いない。現時点で「アベノミクスは失敗だった」と主張する識者は経済原理に無知な人か、自分の主観的観測を過信している人だけであろう。

私は当初から、「アベノミクスは必ず成功する。これで日本経済はよくなる」と信じて、少しも疑わなかった。今でもこの確信はまったく揺らいでいない。

ただ一方で、ここまでアベノミクスがうまくいきながらも、いまだに「どこかで日本経済は悪くなるはずだ」と訝《いぶか》っている人もいる。しかし、2014年度のGDPがはかばかしくないのは、アベノミクスの「金融」「財政」の2つの矢のうしろに、消費税引き上げという重荷をつけたからである。アベノミクスという競走馬に障害物競走をやらせた形である。

あとで述べるように、自転車操業をやっている政府の財政再建を行うことは、財務省が誇張するほどではないにしても、それなりに必要である。

しかし財政再建（消費増税）は、アベノミクスの一部ではない。財政再建は必要ではあっても、消費増税はむしろ第1の矢、第2の矢とは反対方向を向いているので、それで日本経済がぐらついたのは当然である。

そこでまずは、「そもそもアベノミクスとは何なのか」「なぜこれほどまでに効いているのか」についてお話ししていこう。

アベノミクスがなぜ効いたかを本当に理解している人は少数派

２０１２年11月の衆議院解散から、経済のトレンドはいっきに円安・株高となった。安倍晋三自民党総裁が、デフレからの脱却を最優先するため、「日銀は２％のインフレ目標政策を採用して、強力な金融緩和を行う必要がある」と主張し始めたからである。そして市場では、金融緩和によるデフレ脱却予想が織り込まれ、円安・株高が進行し続けた。

当時まだ一議員であった安倍氏が、自民党総裁選の争点として金融政策を選択した意義は、まさに画期的であった。金融政策が一番重要であると考えていた私たちリフレ派の経済学者が、現実の政策にも関与できるようになったからである。

それ以前は、「日銀が金融政策を改めれば、日本経済は救われる！」と私がいくら叫んでも、誰も聞く耳を持ってくれなかった。ところが今は、メディアをはじめ、みなさんのほうから話を聞きにきてくれるようになった。最初こそアベノミクスを批判していた人も、景気の改善が続いたことで、徐々に支持する立場に変わりつつあるように見える。

ちなみに、「アベノミクス」という言葉はすっかり定着しているが、2006年に第1次安倍晋三内閣が発足した直後の国会で、当時の中川秀直自民党幹事長が同内閣の経済政策を「アベノミクス」と言ったのが最初である。

現在のアベノミクスの最も中核をなす金融緩和政策（リフレーション政策〈以下、リフレ政策〉）の内容は、岩田規久男氏（現・日銀副総裁）、山本幸三氏（自民党衆議院議員）、中原伸之氏（元日銀審議委員）、高橋洋一氏（元内閣参事官）、本田悦朗氏（内閣官房参与）、それに私など少数の有志を加えた人々が育て上げたものである。

リフレ政策とは、人々の「デフレが続く」という予想を、日銀による大規模な金融緩和政策によって「今後は緩やかなインフレの状態が生じる」という方向に転換させ、投資と消費を喚起し、失業率を低下させ、景気を回復させる政策の総称である。

ところでアベノミクスは、「大胆な金融緩和政策」「機動的な財政政策」「民間投資を喚起する成長戦略」の3つの経済政策からなっている。

1つ目の「大胆な金融緩和政策」は、需要（消費と投資）不足に陥っていた景気を金融政策で回復させようとするものである。2つ目の「機動的な財政政策」も、政府・財務省が実施する財政支出や減税によって、「総需要」を回復させるための政策である。総需要とは、一般家庭（家計）、企業、政府の3者が、その年に支出した消費と投資の合計額のことである。

一方、3つ目の「民間投資を喚起する成長戦略」は、需要に働きかける「金融緩和政策」「財政政策」と違い、〝現在の〟景気を直接回復させるための政策ではない。これは、企業の供給力（モノを生み出す力／生産性）を高めて、将来の日本の経済成長力、潜在成長力をかさ上げしていこうとする政策である。

テレビのニュースや新聞では、アベノミクスにおける「金融緩和政策」と「財政政策」の達成目標と、「成長戦略」の達成目標の性質が違うことを示さずに報道されている。現在における景気の話と、将来の日本における経済成長についての話が混同されているのだ。

達成目標の性格の違いは、経済政策の効果の理解のうえで重要なので、のちほど詳しくお話しするが、アベノミクスの「金融緩和政策」と「財政政策」の目的は、「〝現在の〟景気を回復させること」にある。一方、「成長戦略」の目的は、「日本の供給能力を増やして、〝将来の〟日本のGDP成長率の上限を引き上げる」ことである。

以下を正確に伝えるためには、「そもそもGDP（国内総生産）とは何か？」から説明する必要がある。

GDP（Gross Domestic Product／国内総生産）とは、「国民が1年間に生み出した付加価値の合計金額」である。「付加価値」とは新しく生み出した価値のことで、わかりやすく言えば「粗利」のことだ。単純に「国全体で1年間に追加で生み出した価値（粗利）の合計額」ととらえてもいいだろう。

図1　「実質GDP」は「潜在GDP」を超えられない

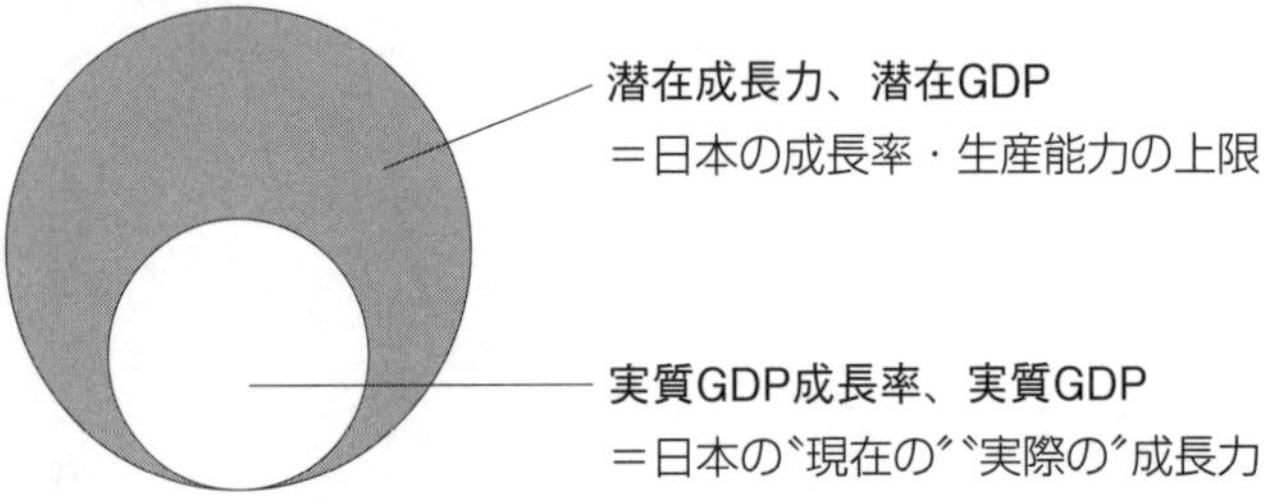
潜在成長力、潜在GDP
＝日本の成長率・生産能力の上限
実質GDP成長率、実質GDP
＝日本の〝現在の〟〝実際の〟成長力

ＧＤＰには「名目ＧＤＰ」と「実質ＧＤＰ」の2種類がある。「名目ＧＤＰ」とは表面上（名目上）のＧＤＰのことであり、「実質ＧＤＰ」とは「名目ＧＤＰ」から物価変動の影響を除いたものである。

ＧＤＰの動きが国民の生活にどう関わるかを見るには、実質ＧＤＰの動きを見なければならない。なぜなら、仮に見かけ上の名目ＧＤＰが増えていても、物価が不必要に上昇している場合、国民の実際の生活は楽にならない。その時、実質ＧＤＰは増加していることにはならないからだ。

「現在の景気を回復させること」と「将来の日本の成長率の上限（天井）を引き上げること」は微妙な差に見えるかもしれないが、そこには決定的な違いがある。その違いを理解するためには、経済学でいう「潜在成長力」と「実質ＧＤＰ成長率」の違いを理解する必要がある（図1）。

「実質ＧＤＰ成長率」とは、〝現在の〟〝実際の〟経済成長率のことである（その時の実質ＧＤＰ成長率を1年継続することで生み出されるＧＤＰ〈消費と投資の合計〉が、実質ＧＤＰである）。

一方の「潜在成長力」とは、「国の持つヒト・モノ・カネを総動員して、フル稼働した場合に達成可能な（概念上の）ＧＤＰ成長率の上限」のことである。「日本の生産能力の上限」「日本経済の底力の上限」だと理解してもいいだろう（潜在成長力を1年の間にフルに発揮することで産出されるＧＤＰが、潜在ＧＤＰである）。

ここで押さえておくべきなのは、「実質ＧＤＰ」は長期間にわたって、「潜在ＧＤＰの上限」を超えることができないということである。

たとえば非常時などに人々が超過勤務で働き、設備も１００％稼働させれば、短期的に潜在成長力以上の成長を実現することは可能である。しかし、それを長期的に続けることは不可能である。

つまり、どの国の経済にも成長の天井、つまり潜在成長力という〝限界ライン〟がある。

しかし、実質ＧＤＰが潜在ＧＤＰの天井に到達していない時に、的確な金融政策や財政政策を行って総需要（消費と投資）を刺激すれば、その国は短期間のうちに（潜在成長の天井に届くまでは）実質ＧＤＰを増やすこと（景気を回復させること）ができる。

この潜在成長の天井と実質ＧＤＰの差を「ＧＤＰギャップ」、あるいは「デフレ・ギャップ」という。ＧＤＰギャップが存在する時、実質ＧＤＰにはそのギャップ分、増加する余地が残されている。この余力がある限りは金融政策、あるいは財政政策の景気引き上げ効果は続くはずである。

アベノミクス以降、日本の実質GDP成長率は傾向としては上昇している。これは、これまでの日本には労働者（ヒト）も失業して余っており、生産資源と企業の生産設備（モノ）にも余裕があったからである。すなわち日本経済はこれまで潜在成長力を発揮できていなかった。日本の生産能力（ヒト・モノ）に余力がある時には、金融緩和政策によって市場に追加でマネー（カネ）を投入すれば、余っていたヒト・モノを稼働させることが可能になる。そうなると、日本全体の商品・サービスの供給量を増やせるし、生産とともに利益も増えていく。したがって金融緩和によって、実質GDP成長率を潜在成長力の天井まで回復させることが可能なのである。

アベノミクスの「金融緩和政策」によって、日本経済が短期間で急回復を遂げつつあるのは、こういう理屈通りに現実が動いたからだ。

結局のところ、実質GDPが潜在成長（潜在GDP）の天井付近まで到達して（あるいは天井を突き抜けて）いる時が「景気のいい状態」であり、実質GDPが潜在成長から大きく下方で停滞し、低い成長率（あるいはマイナスの成長率）しか実現できていない時が「景気が悪い状態」ということになる。

金融緩和が効かない状況もある

ただし、ヒト・モノ・カネの稼働を促す政策によって、実質GDP成長率（現実の経済成長率）が潜在成長力の天井に行きつくと、日本経済は中・長期的には、それ以上成長できなくなる。なぜなら、その時点で働く意思のある人は目いっぱい雇用されており、日本の生産資源・設備（モノ）もフル稼働しているからである。

仮にその時、無理やり金融緩和政策を行って（カネを大量投入して）景気を回復させようとしても、実質GDP成長率は上がらず、物価のみが上昇してしまう。市場全体にマネーが不必要に多く出回ると、今度はモノがマネーに比べて不足するからである。モノ不足に陥った戦後の日本でインフレが起こったように、不必要な物価の上昇が生じてしまうわけだ。

では、「金融政策」でなくて、政府の財政支出を増やす「財政政策」ならどうか？

結果は同じである。潜在成長力の天井では人がフルに雇用されているので、政府投資を増やしても、労働市場はさらに人手不足となり、生産活動も増えない。財政支出も金融政策と同じく、潜在成長力の天井以上の生産の増加を可能にするものではないのである。

このような時に必要になってくるのが、潜在成長力を押し上げる「成長戦略」だ。

ちなみに「総需要」に対する言葉に、「総供給」という言葉もある。一般の言葉に直すと、「日本企業での商品・サービスの生産能力（供給能力）の総合計」ということになる。この

図2　潜在成長力があるのに起こる不況

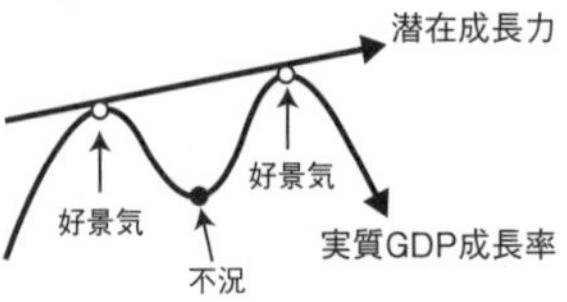

図3　潜在成長力がない、経済停滞による不況

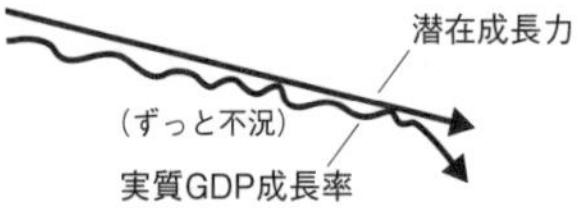

「総供給」は、「潜在成長力」と同じことを意味する概念である。

総需要（家計・企業・政府による実際の消費と投資の合計）が総供給（潜在成長力）を上回る（総需要＞総供給）時、ＧＤＰギャップは存在していない。この時、モノ（商品やサービス）不足が起こっているため、インフレが生じることは、すでに説明した通りである。逆に、総供給が総需要を上回っている（総需要＜総供給）時は、企業の在庫が積み重なり、価格を下げないとその在庫を解消できないので、デフレ（国全体の物価の下落）が起こるのである。

「不況には2種類ある」ことを理解しているか

ここまでの話から、「不況には2種類ある」という重要な事実が見えてくる。

1　日本経済に底力（潜在成長力＝生産能力）はあるが、何らかの理由で総需要が不足し、日本がその底力（生産能力）を発揮できず、現実の実質ＧＤＰ成長率が低下して起こる不況（図2）。これが狭い意味での不況である。

２　日本の供給能力（モノを生み出す力）が低下するなど、供給面の制約から日本経済の底力（潜在成長力＝生産能力）が低下してしまい、そのために現実の実質ＧＤＰ成長率も低下して起こる不況。経済停滞と呼ばれる現象である（図３）。

この2種類のケースは、どちらも「実質ＧＤＰ成長率」が低下している（不況が生じている）ことに変わりはない。

しかし、１の「日本が本来の底力を発揮できていない」状態で不況が起こっている場合、日本が何らかの政策手段（特に総需要に働きかける金融政策）を用いて本来の底力を発揮できれば、景気（実質ＧＤＰ成長率）を短期間で回復させることができる。

一方で、２の「日本の底力（潜在成長力＝生産能力）が低下している」ために停滞が起こっている場合、景気を〝短期的に〟回復させるために打つ手はない。なぜなら、日本の生産能力が落ち込んでいる（ヒト・モノに余力がない）ため、売るものが生産できないからである。売るものがなければ、当然利益は上げられない。利益を上げられなければ、日本の利益の合計であるＧＤＰも増えない。

「金融緩和」「財政政策」と「成長戦略」はまったく別物

ここまでの話がわかれば、アベノミクスの3つの政策が互いにどういう関係にあるかが見えてくる。

つまり「金融緩和政策」と「財政政策」は、1の不況に対応する政策なのである。

一方の「成長戦略」は2の不況に対応するもので、民間設備投資、技術革新、自由貿易の促進、そして実効法人税率引き下げなどの構造改革によって、「日本全体の生産能力を引き上げる」という〝中・長期的な視野〟に立った政策である。

メディアの多くは、3つの政策の関係を理解しないまま、どの政策をより重視すべきかばかりを報道していた。そのため国民はいつまでも混乱したままだったのだ。

私は、2％程度のインフレを超える不必要なインフレ（高インフレ）の兆しが明確にあらわれない限りは、「金融緩和」を維持することが重要だと考えている。

これまでの日本の不況が、1の「本来持っている潜在成長力を日本が発揮できておらず、実質GDP成長率が低下していたために起こっていた」からである。

ただし、GDPギャップが縮まり、金融政策の「実質GDP成長率を伸ばす能力」に陰りが出てきた時には、何よりも「成長戦略」が必要となる。

しかしその時に、政府が成長戦略を発動したからといって、空からすばらしい技術が降ってくるわけではない。成長の原動力は、民間企業による生産性向上への血のにじむような努力によって生まれるのだ。

すでに日本の産業が世界の技術フロンティアの上に立つ今、政府が成長産業を育成するというような、昔の産業政策を繰り返す余地もない。むしろ政府に必要なのは、民間企業の活動を阻害しないよう、様々な規制を撤廃する「規制緩和」を着々と実現していくことである。

しかし、「成長戦略」として最も有効な具体的手段である「規制緩和」は、そもそも内在的な難題を抱えている。規制緩和を実現するには、公務員、官僚の手を借りなければならないが、規制によって利益や権威に与《あずか》っているのは多くの場合、官僚だ。つまり、官僚の利益を官僚によって狭めていくという困難な道筋を、規制緩和政策はたどらなくてはならないのである。

ところで、実質GDPが潜在GDPの天井に届くところまで成長している時は、ヒトとモノがフル稼働しているため、失業率は限界まで低くなる。その状態を経済学では「完全雇用」と呼ぶが、完全雇用に近くなった日本経済に「成長戦略」は不可欠である。

第1の矢、第2の矢である金融緩和政策、財政政策は理論通りに行えば、その効果を遺憾なく発揮できるが、第3の矢の成長戦略を成功させるには、政府が官僚その他の抵抗勢力を断固としてはねのける胆力（ガッツ）が必要である。

なぜ日銀は自由にお金が刷れるのか

復習の意味もかねて、「金融緩和政策」「財政政策」「成長戦略」がどういう役割を負っているかを見ていこう。

「金融緩和政策」とは、自国の中央銀行が様々な手段を通して、自国に流通する通貨（マネー）の総量（各国の現金と預金通貨の合計）を増やす政策である。一方、流通する通貨の減少をもたらすのは「金融〝引き締め〟政策」である。

現状、「金融〝緩和〟政策」とは、市場に流通するマネーのおおもとになる「マネタリーベース」の供給量を、日銀が増やす政策のことを指す。マネタリーベースとは、日銀が直接調整（増減）できる通貨（お金）のことである。

より具体的には、「日銀が供給する現金（紙幣と硬貨）と民間の金融機関が日銀に預けているお金（日銀当座預金）の合計金額」を指す。

このマネタリーベースを日銀が増やし、個人や企業への銀行からの貸し出しを増やすなどの方法で、銀行などの金融機関と中央銀行を除いた市場全体（個人と企業〈と地方自治体〉全体）に流通するマネーの総量である「マネーサプライ」を増やそうとするのが「金融緩和政策」である。

マネーサプライが増えて市場全体に広く行きわたると、社会全体に潤沢にマネーが循環することになり、ひいては人々の需要（消費と投資）を喚起して景気をよくする方向に働く（それが過ぎれば物価を上昇させ、インフレを招くこともありうる）。

すでにご存じの方も多いだろうが、日本でマネタリーベースを増やすことができるのは、唯一の発券銀行である日銀だけである。

だからマネーサプライを増やすためには、日銀がお金を刷ることでマネタリーベースを増やさなければならない。それが金融緩和政策である。

逆に、「金融〝引き締め〟政策」は、中央銀行がマネタリーベースを減らすことで、市場全体に流通するマネーサプライを減らそうとする政策である。マネーサプライが減ると、市場全体に循環するマネーも減ることになるため、景気は悪くなり、経済はデフレ（総需要の減退、物価全体の下落）の方向に向かう。

つまり、中央銀行は、自国に流通する通貨の総量（マネーサプライ）を増減させることで、自国の景気を調節しているのである。

景気回復のからくり

金融緩和の具体的手段を説明しておこう。多少専門的になるが、金融政策の基本なので理解してほしい。まずはじめに、通常の場合、すなわち現在とは違って「ゼロ金利」〝ではない〟

状況を考えてみよう。

景気を回復させたいと考えた場合、日銀はまず、「銀行間取引市場」の金利（無担保コールレート翌日物）が低下するよう誘導する。ここでいう「銀行間取引市場」とは、たとえば、三菱東京UFJ銀行や三井住友銀行などの一般の銀行（市中銀行）同士が、短期的な資金の貸し借りを行う市場のことである。

一般の銀行同士が資金の貸し借りを行うのは、預金の急な引き出しや預け入れなどで、短期的に手持ちの資金が少なくなったり多くなったりする状況が生じるからである。銀行同士が、銀行間取引市場で資金の貸し借りを行う場合につけられる金利の一つが「無担保コールレート翌日物」である。

この金利が日銀の誘導によって下がった場合、銀行の貸し出し金利や、各種ローンなどの市場全体の金利も一緒に連動して下がる傾向にある。すると、企業や一般家庭は資金の借り入れを増やし、消費と投資に回し、景気（実質GDP成長率）が回復するのである。

日銀が、銀行間取引市場の金利が下がるよう誘導し、マネタリーベースを増やし、ひいては世の中に流通しているマネーの総量（マネーサプライ）を増やすのは、次のような経緯による。
1　かつては日銀が公定歩合（基本的には日銀が銀行に貸し出す金利）を引き下げると、銀行間取引市場（コール市場）の金利が低下した。だが現在は公定歩合ではなく、銀行間取引市場での短期金利（無担保コールレート翌日物）を、日本銀行が考える適正な水準に誘導している。

2　日本銀行がこの短期金利を誘導するための手段としては、「市場オペレーション」がある。銀行間取引市場で、資金を借りたいという銀行が、資金を貸したいという銀行より多い場合、銀行間取引市場で取引される資金の量が不足気味になる。そのため銀行間取引市場の金利には上昇圧力がかかる（その分、お金を借りたい銀行が資金を借り入れづらくなる）。

この金利の上昇が資金の流れを悪くし、景気回復を妨げかねないと日銀が判断すれば、日銀は銀行間市場に介入して金利を下げるべく働きかける。

具体的には、金融機関が保有する債券等（国債や社債など）を日銀が買い入れ、代わりに金融機関の当座預金口座の残高を増やし、銀行間取引市場の資金を潤沢にすることで、適正な金利水準を保とうとする（買いオペレーション）。

3　2の結果、短期的に資金が足りず困っていた銀行は、他の銀行から資金を借り入れやすくなる（結果としてマネタリーベースが増加する）。

4　通常、銀行は、一般の企業や個人に対して貸し出しなどの形で資金を運用したいと考えているので、日銀の資金供給によって、一般の企業や個人への融資が行いやすくなる。

5　それによって銀行貸し出しが（追加で）行われると、経済全体に循環するマネーの量が増える（マネーサプライの増加）。

6　銀行間取引市場の金利が下がった時、前述したように他の金利（住宅ローンの金利や銀行貸し出し金利など）も連動して下がる傾向にある。すると企業も個人もさらにお金を借りやすくなるため、借り入れを増やし、消費や投資を増やそうとする。これにより世の中に循環するマネーの量が増える（マネーサプライの増加）。

このように、世の中に循環するお金の量が増えていけば、日本全体の経済取引（売り買い）が活性化され、景気が回復する（実質GDP成長率が上昇する）のである。

これが通常、つまり銀行間取引市場の金利が〝ゼロではない〟時に、日銀の金融緩和政策が景気を回復させるメカニズムであり、長らく日本のマクロ経済学の教科書で語られてきた話である。経済学を学んでこなかった人のなかにも、高校の公民の教科書でこれに類する話を見た人もいるだろう。

「インフレ目標」が最も重要

しかし現在の日銀は、銀行間取引市場の金利を、すでに0％に誘導する政策を行っている。これが中央銀行による「ゼロ金利政策」である。

銀行間取引市場の金利が0％になれば、一般の銀行は短期的に資金が足りなくなった時、「タダで」他の銀行から資金を借りられるようになる。

つまり、ゼロ金利政策も、銀行間取引市場の金利を極限にまで引き下げることで世の中に出回るマネーの量を増やし、日本の景気自体を回復させようとする「金融緩和政策」の一つである（実際は〝ほぼゼロ金利〟を目指すものであり、現実には0・1％前後の金利は残してある）。

伝統的な金融緩和政策は、「金利の低下を通じて景気に働きかける」と説明されてきた。そのため、「金利がゼロになってしまうと、それから下がりようがないので、金融政策は無効になる」という識者が多かった。

しかし日銀は、金利調整政策以外にも、世の中のお金の量を増やし、景気を回復させるための「金融緩和」の手段を持っている。それが「量的緩和政策」である。これがあったからこそ、日本経済はアベノミクスによってみるみる回復したのだ。

量的緩和政策とは、ゼロ金利政策のもとで発動される金融緩和政策である。この政策は金利が0％の時にも有効で、現在の金融緩和政策の柱となっている（ただし金利が0％でない場合にも、中央銀行は市場で国債などの債券を買い上げる公開市場操作を行っている）。

量的緩和政策とは、その名の通り、日銀が一般の銀行の手持ちの資金を、〝量的に〟直接増やす政策である。それには次のような手段によるものがある。

1　市中銀行が保有している国債を、日銀が市場を通して買い取る（買いオペ）。
2　日銀は買い取った国債の対価として、日銀にある市中銀行の当座預金口座の残高を増やす。当座預金口座とは、市中銀行が日銀に資金を預けている口座である。
3　手持ち資金が増えた銀行は、何らかの手段（一般の企業や個人への貸し出しや株式への投資など）で、そのお金の運用を試みる。

こうして日銀は、一般の銀行の手持ち資金を直接〝量的〟に増やすことができる。量的緩和政策は、銀行の手持ち資金を潤沢にすることで、世の中に出回るマネーの総量（マネーサプライ）を増やし、景気を回復させようとする政策である。

そして、２０１５年1月現在の日銀は、「ゼロ金利政策」と「量的緩和政策」に加え、「インフレ目標政策」も行っている。

インフレ目標政策とは、「今後日銀が、日本の物価上昇率をおおよそ何％で推移させるかを宣言する政策」である。

日銀は市場に対し、インフレ目標をあらかじめ宣言して、「日銀は目標とするインフレ率が達成されるように金融政策を行うので、安心して投資や日々の経済活動を行ってください」というメッセージを発信しているのである。日銀が物価上昇率をどの程度で推移させようとしているかが不明であると、投資家も株式投資を躊躇《ちゅうちょ》し、企業も設備投資を差し控えてしまうからだ。

黒田東彦《はるひこ》日銀総裁と岩田規久男副総裁が現職に就く以前の日銀は、このインフレ目標を宣言していなかった。そして実際に、景気が回復し始めたところで、いきなり金融引き締め政策を実施し、景気を腰折れさせることを幾度となく繰り返してきた。

そのため市場全体に日銀の政策に対する疑心暗鬼が広がり、機関投資家は積極的に投資ができず、企業も積極的な設備投資、新規の雇用ができなくなっていた。したがって、銀行にお金（マネタリーベース）があっても、投資や消費、銀行貸し出しに結びつかず、マネーサプライは増えなかったのだ。結果、長らくデフレと不況が続いてきたのは、みなさんご存じの通りである。

銀行貸し出しが増えないのに、なぜ景気が回復したのか

ちなみに現在でも、「アベノミクスが発動された時点で、日本はすでにゼロ金利を導入していた。だから金利はアベノミクス発動以降も下がらず、銀行の貸し出しも直ちには増えていない。したがって今回の景気回復はアベノミクスの効果ではない」という論説がまだちらほらと新聞紙上にあらわれる。

しかし、実質ＧＤＰ成長率（経済成長率）が潜在成長力の天井に達するまでの過程における景気回復には、「銀行貸し出しの増加」は必ずしも必須ではないのである。

なぜ銀行貸し出しが増えていないのに、景気が回復しているのか。

これまで個人や企業は長引くデフレにより、「デフレ予想」を持ち続けてきた。デフレ予想とは、人々の「今後も長期にわたってデフレが続くだろうという予想」のことである。デフレ予想を持つ時、人々は将来に不安を感じるため、個人や企業は資金を消費や投資に回さず、貯蓄しようとする。お金はデフレで実質価値が高まるので、お金にしがみつこうとするのである。

ところがアベノミクスの発動により、個人や企業の「デフレ予想」は、「今後は緩やかなインフレになる」という「インフレ予想」に大転換した。現金や預金の目減りの可能性が生まれたのである。そのため個人や企業は溜《た》め込んでいた現金や貯金を取り崩す形で、消費や投資を始めたのだ。

その結果として起こっているのが、現在の「銀行貸し出し拡大なしの景気回復」なのである（ちなみに、経済学では、予想のことを期待と訳すため、「デフレ期待」「インフレ期待」という表現が正確なのだが、本書では「デフレ予想」「インフレ予想」という）。

「みんな不況でお金がなくて苦しんでいたのに、企業や個人が投資のための資金を隠し持っていたなんて話はおかしい」と思う人もいるだろう。ここで図４をご覧いただきたい。

図４　1997年以降、企業は資金を溜め続けている

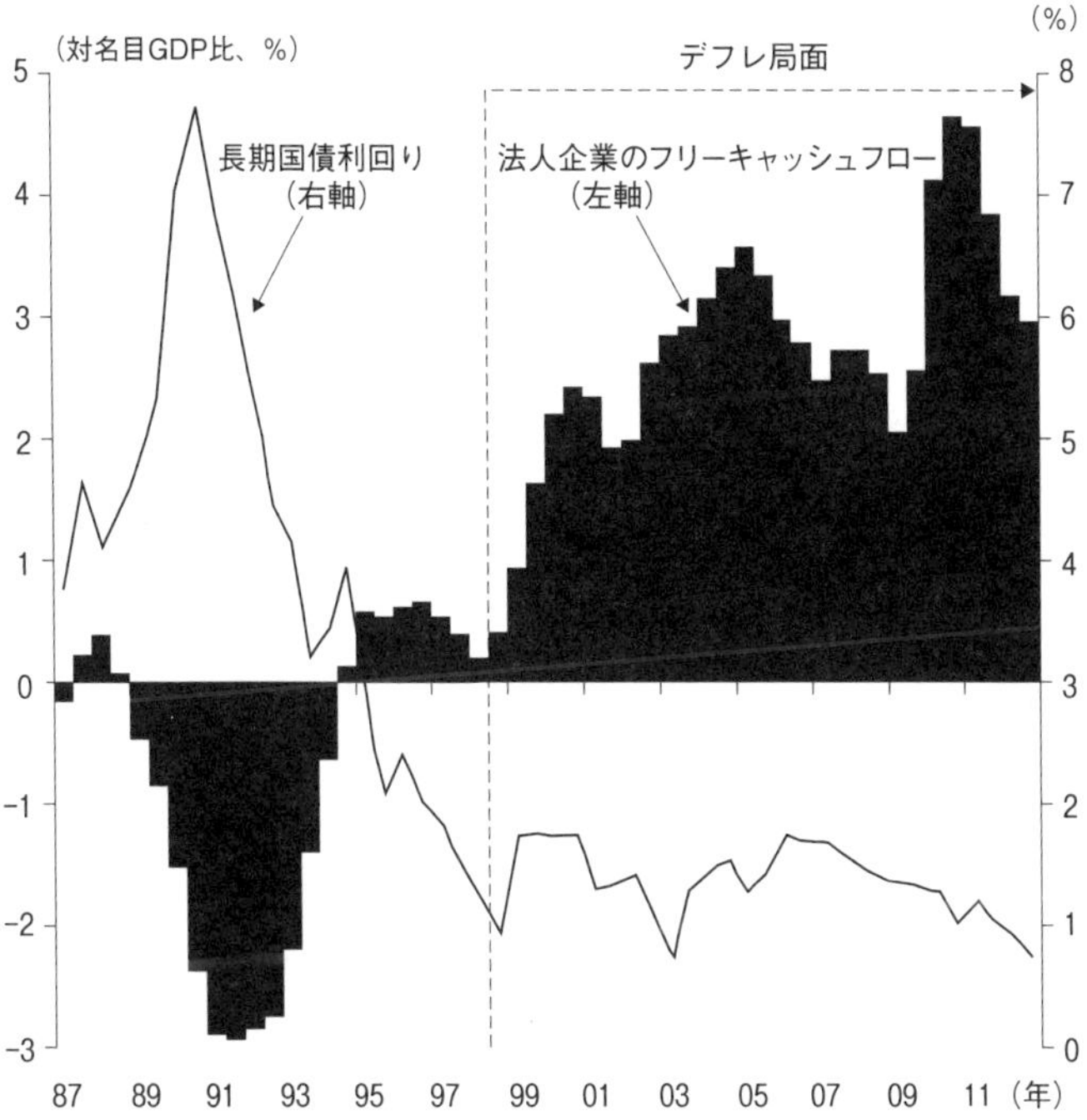

（注）フリーキャッシュフロー＝{経常利益×（1−実効税率）＋減価償却費−設備投資}で計算
出所：財務省「法人企業統計季報」より作成

図４は「企業の税引き後の純利益と減価償却費」から「設備投資」を引いた、「企業が新たに生み出した自由に使えるお金の量」（フリーキャッシュフロー）の推移である。この図により日本の企業は１９８０年代末の金融引き締め期には資金不足にあったが、デフレが始まった１９９７年から、懐に資金を溜め続けていたことがわかる。

そしてアベノミクスが発動された２０１３年以降も、膨大な量のフリーキャッシュフローを懐に溜め込

んだままである。この膨大な量のフリーキャッシュフローが動き始める（減り始める）時こそ日本経済の本格的な回復が始まる時であり、今はその序章である。

まとめると、①アベノミクスの「金融緩和政策」は、「ゼロ金利政策」「量的緩和政策」「インフレ目標政策」の3本柱によって、民間のデフレ予想をインフレ予想に大きく転換させる。そして、②家計と企業が、まずは資金残高（フリーキャッシュフロー）を取り崩すことで経済取引が活発になり、景気が上向く。すると、③マネーサプライも増加し、実質GDP成長率も回復する。その結果、④企業が資金不足になるため、銀行貸し出しも増え、景気はさらに回復するというわけだ。

これまでのところ、アベノミクスの金融緩和政策はマクロ経済学の原理そのままに、つまり教科書に書いてある通りにうまく働いている。私自身もこれだけ強力に、継続的に働くとは思っていなかった。あえて評価をつけるとすれば、金融緩和政策は「A」、なんなら「A＋」をあげてもいいくらいだろう。

「財政政策」で景気は回復するのか

次に、第2の矢である「財政政策」について見ていこう。

財政政策とは、政府が実施する「公共事業」や「減税」などによって、総需要を増やす政策である。各省とも自分たちが担当する財政政策には熱心である。特に財務省は、財布（予算）を握っているため、影響力が非常に大きい。

「公共事業」とは、国が国債の発行や税収を財源にして、「道路・港湾・空港などの維持管理・更新・災害復旧」「全国の道路網の整備」「地方の情報インフラ整備」などの仕事を、民間の建設・土建業に発注する政策のことである。その目的は、民間では行えない財・サービス（公共財）を国・地方公共団体が供給することにある。

「財政政策」の効果を論じる場合に知っておくべき経済学の知識は、「マンデル・フレミング命題」である。

これは、コロンビア大学の経済学者ロバート・マンデルと、元IMF（国際通貨基金）調査局副局長のジョン・マーカス・フレミングによって提唱されたもので、「為替レートが自由に動く変動相場制下での財政政策（財政支出）は、市場全体の金利の上昇による自国通貨高をもたらすので、その景気引き上げの効果は限られる」という理論である。

なぜ財政政策によって、市場全体の金利が上がるのか。それは、財政政策を金融政策の助けなしに行うには、まず政府が国債を発行して、一般企業や家庭から借金をする必要があるからである。

財政支出は総需要を増やす。しかし同時に、政府が資金市場からマネーを吸い上げるので、資金が少なくなった市場では、銀行の貸し出し金利や、住宅ローンなどの様々な金利に上昇圧力がかかる。資金が少なくなる時に借り入れようとすれば、高い金利を払う必要が出てくるので、市場の様々な金利が上昇するわけだ。

金利の上昇には国内の資金の借り入れを減らす効果があるため、国内の投資にマイナスになる（これを押しつけ効果という）。しかし、もっと重要なのは、金利上昇とともに生じる、通貨高圧力を通じた総需要へのマイナスの影響である。

為替レートが自由に変動する変動相場制のもとでは、金利が上がった国の通貨に海外からの資金が集まる。つまり、日本の金利が上がれば、為替市場において円が多く買われる。そして、買われる通貨の為替レートは上昇するので、円高になる。円高になると海外への輸出が減るため、外需（海外からの消費と投資）が減り、日本の景気にはマイナスの影響を与える。

そうなれば、仮に財政出動によって、政府が内需（公共事業）を増やす一時的な景気回復の効果があったとしても、金利の上昇による内需の減少と、自国通貨高による外需の減少が、景気回復の効果を相殺してしまう。

これがマンデル・フレミングの理論である。

要するに、変動相場制下における財政支出は、景気を回復させるという意味では十分な効果がなく、あとには財政赤字の積み上げという問題を残すのである。

そう考えると、そもそも財政政策の効果には問題があるので、変動相場制下でのアベノミクスのこれまでの「財政政策」の評価は「B」でよいだろう。

「成長戦略」が最も効くタイミングとは

最後に、第3の矢である「成長戦略」について見ていこう。

安倍政権下における「成長戦略」の目玉は、「規制緩和政策」である。「規制緩和政策」とは、「民間の自由な経済活動などを阻害している政府の規制を取り除く」政策のことである。

もちろん、一国の経済が伸びていくためには、政府の規制が必要な分野もある。交通混雑、大気汚染の防止、国防など、人々の行動が他人（外部）に影響を直接に（価格を経由せずに）及ぼすところ（専門用語では「外部不経済のあるところ」という）では、自由市場の動きに任せていると問題が生じることがあるので、政府による何らかの規制が必要となる。

交通規制がないと都市は混雑して困るだろうし、人々が自由に排気ガスや汚水を放出すると環境汚染が止まらなくなるだろう。

しかし、そういった政府の規制が必要ではない普通財（価格が上がれば消費量が減り、値段が下がれば消費量が増えるような通常の商品やサービス）の場合は――アダム・スミスが「見えざる手」と言ったように――むしろ規制などせず、市場の需要と供給に任せておいたほうがよい。

たとえば労働の需給を例にとってみても、勤務時間を政府があれこれ言って規制するより、雇用者と被雇用者の間で決めたほうが効率的であろう。

したがって日本全体の生産能力を高めるためには、民間が生産性を上げる努力をしやすいように規制を取り払う「規制緩和政策」が必要となる。

規制を取り除けば、企業は生産活動の幅が広がり、より効率的に多くの製品を生み出すことができる。これは日本企業の生産性を高め、日本の潜在成長力の天井を押し上げることにもなる。

しかし現在において、この「成長戦略」が「金融緩和政策」「財政政策」に比べて、より重要な政策かと問われれば、決してそうではない。

先に、「実質GDP成長率には、潜在成長力という天井がある」「実質GDPと潜在GDPの天井の差をデフレ・ギャップと呼ぶ」と述べたが、デフレ・ギャップを埋めるには、金融政策だけで十分なのである。

とはいえ当然のことながら、お金を刷るだけで実質GDP成長率が促進できるのは、失業や過剰設備が存在している間だけである。デフレ・ギャップがゼロになると、国内のすべての資源がフル稼働することになるので、お金を刷っただけでそれ以上の経済成長が起こるわけではない。デフレ・ギャップが解消し、日本の成長が潜在成長力の天井にまで到達した時には、日本経済の天井そのものを引き上げなくてはならないのだ。

その時に必要になるのが、規制緩和を軸とする成長戦略である。金融政策（第1の矢）から成長戦略（第3の矢）に軸足を移さねばならないのである。

よくある誤解は、「金融緩和政策」を景気に効かせるためには、「成長戦略」が不可欠だとするものである。しかしながら実際は、「金融緩和政策」が成功した時に、今度は成長戦略が重要になるのである。

「成長戦略」とは「規制緩和政策」である

「成長戦略」と聞くと、政府や官僚が有望な投資先を見つけて、その産業を優遇し、後押しすることで、日本経済をけん引する産業を育てる政策と思う人も多いだろう。

安倍政権が提唱している「成長戦略」は「規制緩和政策」なので、「産業政策」とは正反対である。

誤解を招きやすいのは、「成長戦略」という言葉が、通産省（現・経済産業省）から出てきた官僚用語だったからだろう。

実際、政府主導で日本の産業を成長させる意味での「成長戦略」という言葉は昔からあり、古くは「産業政策」と呼ばれていた。

産業政策とは、「政府が日本国内の有望産業を見出《みいだ》し、それらに補助金を与えたり、優遇税制などの財政的な支援を行い、育てていく政策」のことである。

城山三郎氏が『官僚たちの夏』（新潮社）を著した1975年〝より前から〟、官僚たちは

「産業政策が大好き」であったといえる。

『官僚たちの夏』は、「特定産業振興臨時措置法案（特振法案）」の可決に向け尽力した、通産省の役人たちの現実の話をドラマ化したものである。元財務官僚である嘉悦大学教授の高橋洋一氏によれば、官僚の多くは新人研修の際、いまだにこの本を読まされているという。

ちなみにこの法案は、漢字を連ねて偉ぶる官僚用語の最悪の例だ。この「特振法案」は、典型的な産業政策立法である。その中身は、通産省が将来性のある産業を選び、それを援助して、世界市場での競争に優位に立てるようにしようとするものであった。

この政策は、今や時代遅れのものとなっている。日本企業の多くがグローバル市場で競争している現在では、もはや官僚が将来有望な産業を選ぶことは不可能である。そのことは、「通商産業保護省」と揶揄《やゆ》された通産省が、経産省と名前を変えたことにもあらわれている（「保護」といえば聞こえがいいが、実際には通産省がある産業に「規制」をかけることでコントロールしていたのだ。これは規制緩和とはまったく逆の動きである）。

少なくとも潜在成長力を上げるために政策でできることは、民間の活力を様々な形で抑え込んでいる現存の規制を緩めることである。

具体的には現在の労働規制・金融規制の軽減撤廃、法人税の実効税率の軽減、ＴＰＰ（環太平洋戦略的経済連携協定）を通じた貿易、投資の自由化、女性労働力の積極的活用、さらに日本の社会や文化を損なわない範囲で海外労働者を受け入れることなどである。それらのすべてが、政府の規制、賦課《ふか》、そして関与を減らす方向の政策であることがわかるであろう。

「構造改革至上主義」が日本の不況を長引かせた

官僚の多くは、入省する時に、国民の公僕となる理想、大志を抱いている。いまだに官僚出身の経済学者の多くが、「こっちの産業を成長させ、あっちの産業も伸ばす必要がある」と真剣に語り合っているという話も聞く。

「日本経済は俺が動かす」というエリートならではの強い自負心は、高度成長期においては有効だったのかもしれない。

各省庁は毎年そういった政策を出さなければ、「仕事をしていない」（＝その省庁は「必要ない」）というレッテルを貼られてしまう。そのため、「成長戦略」（特に将来の有望産業を選んで推進するという「産業政策」的なもの）は「仕事のための仕事」となっている感が強い。

問題なのは、あまりにも「成長戦略」ばかりが強調されたため、「日本経済の回復に最も必要な金融政策が、長らく蚊帳の外に置かれてきてしまった」ことにある。

そして不幸にも、「金融緩和」の必要性が忘れられるきっかけとなったのが、構造改革至上主義であった。

「構造改革」は、かつて「構造改革なくして景気回復なし」などの勇ましい言葉で語られたものである。しかし、この考え方こそ大きな間違いを招く危険を秘めている。

なぜかといえば、前述の通り不況には2種類あり（24ページ参照）、いわゆる「構造改革派」は、日本経済が長い不況の底にあえぎ続けた最大の要因は、2の「日本の底力（生産能力）が低下してしまったため」だと考えていたからだ。

そして他の要因は関係がないと〝決めつけた〟ことが、日本の不況を長引かせたのである。

日本の不況の原因が「日本の底力の低下＝生産能力の低迷」であれば、「日本の不況を終わらせるには、日本の底力を回復させるための構造改革しかない」という、ミクロ経済学のみを強調して、マクロ経済政策を軽視する結論に行きついてしまう。

確かに日本の底力は、1990年代半ば以降、低下しているのかもしれない。

しかし、仮にそうだとしても、今現在、アベノミクスの「金融緩和政策」の発動以降、各種経済指標は軒並み改善し続けているのである。このことから、少なくとも「日本経済に成長の余地はない」というのは間違いで、日本の潜在成長力が完全には毀損《きそん》していなかったことが明らかなのである。

「実質GDP成長率」を上げることが最優先

安倍政権下での「成長戦略」が「規制緩和」を指していることは何度も述べてきた。「成長戦略」は時代の変遷とともに、「産業政策」→「構造改革」→「規制緩和」と形と中身を変化させてきた。

安倍政権下での「規制緩和」は、「TPPへの参加交渉」や「農業分野の規制緩和（減反の廃止政策など）」などの形で進む方向にある。

ここまでの話から、「規制緩和」が、「日本の〝現在の〟景気（実質GDP成長率）を回復させるもの」〝ではなく〟、「日本の将来の潜在成長力を回復させるため」の「中・長期的視野に立った政策」だということがはっきりわかるだろう。

日本では長い間、「不況の原因は潜在成長力の低下である」とされ、「それゆえ景気を回復するには構造改革が必要」と主張されてきた。そのため「構造改革」の流れをくむ「規制緩和」に対し、多くの国民、そしてメディアが「景気を回復させるもの」として過剰に期待を持っている。

十分に金融緩和が行われ、実質GDP成長率が潜在成長力の天井に到達する頃合いに成長戦略を行えば、日本経済にさらによい影響を与える。

しかし、実質GDPが潜在GDPの天井にはまだまだ届きそうにない、デフレ・ギャップが存在する時に、成長戦略（規制緩和）を行えば、現実の成長はかえって阻害されることになる。

小泉内閣の構造改革に欠けていたもの

小泉純一郎内閣の構造改革（政府機関の民営化と規制緩和）は、それ自体は大変意欲的な政策であったことは間違いないが、それを行う際、総需要を下支えするための金融政策が伴っていなかった。日銀の金融引き締め方向に偏った政策をやめさせる手腕を小泉内閣が持っていなかったからである。竹中平蔵大臣にはそれがわかっていたが、小泉首相は当時の旧日銀の政策を転換できなかった。

金融緩和政策を着実に実行している安倍首相が政権の座にあるうちは、日本経済は着実によくなっていくだろう。

しかし危惧されるのは、金融政策の重要性を理解していない人物が、安倍首相の次の政権の座に就いた時のことである。その時に再度、「構造改革」や「規制緩和」という「短期の景気回復には関係のない政策」を重要視しすぎて、「最も重要な金融緩和政策が疎《おろそ》かになること」が起こりうるからだ。だからこそ日銀法を、「目標とする物価は政府が決める」方向に改正しなければならない。

国民は、「潜在成長力と実質GDP成長率は違う」ことを理解し、構造改革ばかりを唱えて金融政策を軽視する政治家や新聞などのメディアに惑わされないようにしなければならない。

「日本の右肩上がりの成長は終わった」とする言説は、「日本にもう成長する余地（潜在成長力）は残されていない」ということと同義である。しかし現実には、日本の底力、つまり右肩上がりの経済成長の余地は残されていたのである。

日銀も、今の黒田総裁、岩田副総裁のもとでは心配はない。しかし今後、誰が総裁、副総裁になっても、このアベノミクスの伝統は保ってもらわなくてはならない。過去15年間の日銀に戻ってもらっては困るのである。その危険は、旧態依然たる旧日銀出身のエコノミストや、インフレになっていないうちから出口を心配するような大新聞などにすでにあらわれている。

旧日銀下の日本経済低迷期に戻らないためにも、「日銀法改正」への努力は絶えず続けなくてはならないのだ。

そういうわけで、アベノミクスの「成長戦略」については未知数のところが多く、公正に評価するのが難しい。成果が出るのか不明な部分も多いが、安倍首相、菅義偉《すがよしひで》官房長官、甘利明《あきら》内閣府特命担当大臣など、内閣首脳がこれだけ成功させようと日夜最善を尽くしているので、評価としては、F（落第）もつけられない。

そこで、安倍内閣が官僚からの規制改革への抵抗に負けないように頑張っている姿勢――エフォート（effort）を評価して、「E」ということにしたい。

首相や官房長官がお役所からの抵抗勢力に対してしばしば見せる、改革への不退転の決意表明は頼もしい限りである。これが本当に実現された時には、第3の矢である「成長戦略」の評価は「B＋」や「A－」に変わることだろう。しかし、今はまだ、本当に抵抗勢力に負けないで政策を実行できるかを十分見守る必要がある。

「金融緩和政策」の評価がA＋、「財政政策」がB、「成長戦略」がEという具合で、アベノミクスの成績簿は立派というべきであろう。少なくとも、将来への大いなる希望をつなぐに相応の代物である。そして、その評価をローマ字で綴《つづ》ってみると、くしくもアベノミクスの綴りのはじめ――ABEになるではないか！

これはもちろん、私の冗談であるが、最近の構造改革立法の進み具合、官僚の抵抗を絶えず排除しようとしている官房長官の談話などを見ると、国民の理解と支持が継続すれば、評価も「ABE」から「ABA」に変えることができるのではないかという希望が生まれる、この頃である。

第2章

日本の不況の原因は円高だった

「金融緩和は効かない」は大間違い

ここまで「金融緩和は必要」という前提に立って議論を進めてきた。読者のなかには、「デフレ時には金融緩和は効かない」というメディアやエコノミスト、あるいは学者や識者の影響を受けすぎて、これまでの説明が腑《ふ》に落ちない方がいるかもしれない。

そこでここからは、「なぜ金融緩和が日本の景気回復に対して有効だったのか」をお話ししていこう。

ところで、日本のアベノミクスに先駆けて金融政策の重要性を理解し、果敢に大規模な量的緩和政策を実施した結果、見事にデフレを回避し、景気回復を遂げた国が存在しているのをご存じだろうか。それは、リーマン・ショック後のアメリカである。

リーマン・ショック後のアメリカ経済の危機は、「バブルの崩壊後、『通貨高』と『デフレ危機』の二重苦に見舞われた」点が、長引いた日本の経済危機と共通している。

日本は1991年に、アメリカは2008年に株価と不動産価格が大暴落し、バブルが崩壊した。のちに日本は長引くデフレと円高に苦しみ、アメリカも一時的なドル高とデフレ寸前の危機に見舞われたのである。

しかし、日本が15年以上にわたる長期の景気停滞に陥ったのに対し、アメリカ経済は危機のおよそ1年後には（景気の山谷はあるにしても）回復したのである。

何がその違いをもたらしたのか？

日本とアメリカのバブル崩壊後の全貌

「サブプライム・ローン危機」と「リーマン・ショック」は、現在ではほぼ同じ意味の言葉として使われているが、これはアメリカにおける「バブルの崩壊」である。

「サブプライム・ローン」とは、「プライム層（優良客）よりも下位の層（サブ）に貸し出された住宅ローン」を意味し、貸し倒れ（貸したお金が返ってこない）リスクの高い住宅ローンのことだ。

そして「サブプライム問題」とは、金融の技術が発展し、本来ならば収入が少なくて住宅ローンを借りられない世帯までもが、ローンを組むことにより借金して住宅を買えるようになったことに起因している。ローンを組むケースが爆発的に増えたことは、副作用がなければ、豊かでない階層にとって救いであった。住宅に多くの投資が集まり、本来そこまで上がるはずがなかった住宅価格が高騰し続け、バブル現象となった。

「バブル」には往々にして「夢」がつきまとう。たとえば、１９８０年代後半から１９９０年代前半までの日本では、国民にとって積年の願いであった「アメリカ（経済）に追いつき、追い越す」という「世界一の経済大国」の夢がバブルを後押しした。そして「サブプライム・バブル」のアメリカでは、「（貧しい移民を含め）すべての米国民が住宅を持つことができる」という夢がバブルを後押しした。

住宅ローンを返せない人々が組んでいるローンは、本来なら価値がないに等しい。にもかかわらず、なぜそれらが大量に売られたかといえば、住宅の価値が上がり続けていたからである。つまり、上がり続ける住宅の価値を担保にして、劣悪なローンが市場にばらまかれたのだ。また金融工学によって、不良債券を組み合わせれば、安定債券に変わるかのような幻想がはびこったのである。

住宅価値の上昇が幻想であるとわかった途端に、住宅ローンの抵当をあてにした抵当証券の価値は下落する。夜12時を境に金色の馬車がかぼちゃに変わってしまったシンデレラ姫の物語のように、みなが資産だと思っていたサブプライム証券は、ただの紙切れと化してしまったのである。

バブル崩壊の過程は、次のようにも説明できる。

株価や不動産価格があまりにも度を越して上がり続けると、人々はさすがに現在の価格が尋常ではないと思い始める。その時期になると、儲《もう》かっている投資家へのやっかみや、価格高騰により株や不動産（土地や家）を手に入れられなくなった人たちの不満の声も大きくなる。それらは中央銀行に、「バブル退治のための金融引き締め政策」を後押しする遠因になるのだ（中央銀行が「引き締めが必要」と思うこともある）。

たとえば、リーマン・ショック以前にアメリカの金融を引き締めたのは、アラン・グリーンスパン前々ＦＲＢ（連邦準備制度理事会）議長であったが、彼はどちらかというと市場を放任するタイプであった。

しかしグリーンスパンでさえ、過熱する自国経済を「根拠なき熱狂」と呼び、「自国経済がバブルの状況にあり、その状態が長くは続かないこと」を示唆せざるを得なかった。

もちろん、バブル退治のための金融引き締めによって、金融市場や実物経済にショックを与えずにバブルだけをつぶすことができれば万々歳だが、そう都合よくはいかない。

そもそもバブルとは、不動産や株式市場に、通常以上に資金が流れ込んでいる状態である。その資金の出所は、潤沢に資金を持つ市中銀行からの貸し出しによるところも多い。

その資金の流れ（バブル）を止めるため、中央銀行が金融引き締め政策により、銀行からいっきに資金を引き揚げると、次のようなことが起きる。

1　銀行が、不動産や株式市場への投資に向かっていた資金の貸し出しをストップする。

2　日々の経済活動に必要な「企業の投資資金や個人の住宅ローンなど」までもが〝巻き込まれる形で〟引き揚げられる。

ここでの金融引き締め政策とは、前章で説明したように、（まだ金利がプラスの領域にある間は）市中銀行同士が資金を貸し借りしている「銀行間取引市場の金利を、中央銀行が引き上げること」である。

銀行間取引市場の金利がいっきに引き上げられると、一般企業や個人が日々のやりくりに必要な資金を借りる時の（銀行）借り入れ金利も連動して上がるため、国民は資金繰りに窮してしまう。そして、1、2に続き、次のようなことも起こる。

3 「不動産価格や株価は上がり続ける」と信じて、不動産や株式に資金を投げ入れていた投資家はパニックを起こし、株や不動産を投げ売ることで、株式市場などから一斉に資金を引き揚げる。その結果、不動産市場や株式市場は暴落する。

4 そのパニックが実物経済にも波及。突然訪れた金融パニックを前に、一般企業や消費者も「大きな将来不安」に見舞われる。先行きが不安になった企業は新規の設備投資を取りやめ、消費者はさらに消費を減らす。

5 市場全体で商品やサービスが売れなくなる。

6 （そのまま金融引き締め政策が継続されると）ほとんどの企業が販売不振に伴う価格引き下げ競争に巻き込まれ、物価が下がるデフレ（あるいはデフレ寸前）に突入する。

実際、日本でバブルの崩壊が起こる直前の1990年には、日銀が金融引き締め政策を開始

図5　日本銀行の金融引き締めとバブル崩壊

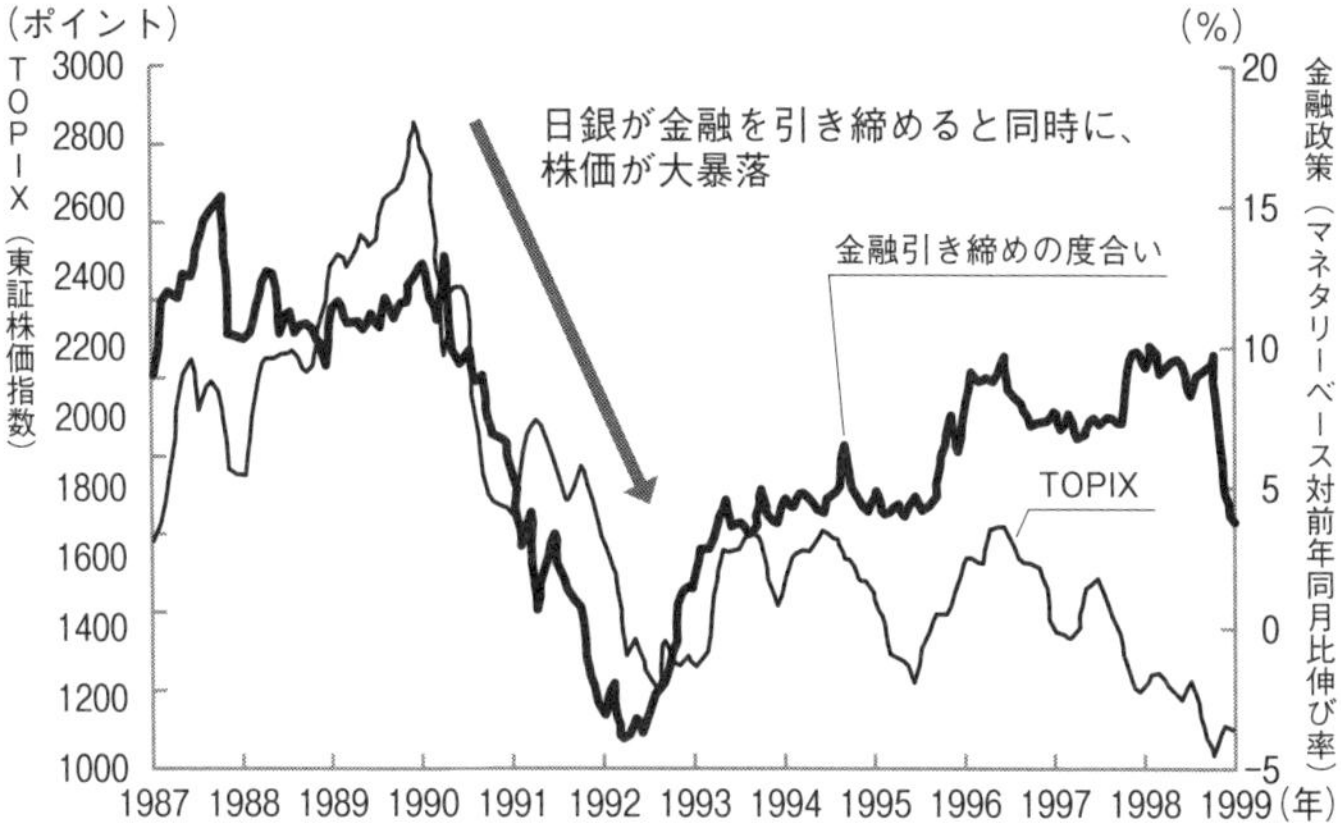

出所：日本銀行等データより作成

図6　アメリカFRBの金融引き締めと不動産バブルの崩壊

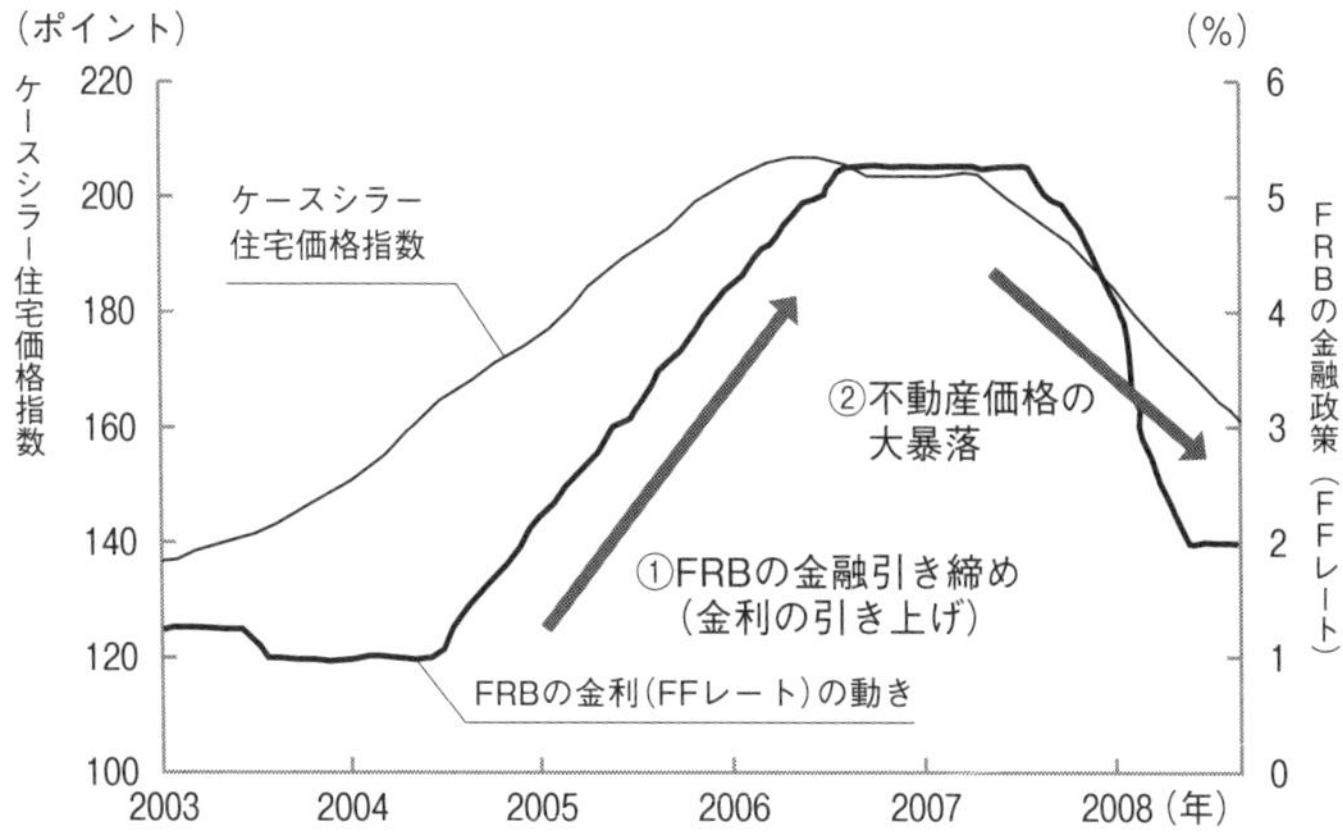

出所：FRBデータより作成

しており、アメリカでも不動産価格の暴落が起こる以前の２００４年から、ＦＲＢが金融引き締め政策を開始していることが、前ページの図5と図6からわかるだろう。

そして日本のバブルは、１９９１年3月に弾け、アメリカのサブプライム・ローンバブルは、２００８年9月に「リーマン・ショック」を引き金として大きく弾けてしまった。

結果として、多額の投資をしていた金融機関、投資家の多くが多大な損失を被ったのがサブプライム危機の全貌であり、日本で起きたバブル崩壊の実情であった。

バブルの崩壊後、日本は長年にわたって、強烈な通貨高（円高）とデフレに見舞われ、サブプライム・ローンバブル崩壊後のアメリカも、急激な通貨高（ドル高）とデフレ寸前の危機に陥った。これは2つの経済危機に共通している重要な事実である。

つまり、リーマン・ショック後にアメリカを襲った「デフレの問題」と「通貨高の問題」こそが、アベノミクス発動に至るまで日本経済を15年にわたって停滞のどん底へと陥れた元凶なのである。

ちなみに「デフレ」と「通貨高」は、自国通貨の価値が、モノや海外通貨に対して相対的に高くなることであるから、通貨の価値が上がる現象という点では共通しているのである。

デフレとは「企業間の値下げ競争」

デフレとは、「その国の物価が下がり続ける現象」のことである。
デフレが生じるプロセスは次の通りだ。

1　バブルの崩壊など、大きな「将来不安」が消費者に広がると、消費や投資が大幅に減る。
2　商品が売れなくなった企業が在庫の投げ売りをするため、「価格引き下げ競争」が起こる。
3　「価格引き下げ競争」があらゆる産業に広がり、デフレが拡大していく。

つまり、企業間の「価格引き下げ競争」こそが、物価が総じて下がり続けるデフレの正体なのである。

今、日本がようやく脱出しつつあるデフレという状況は、先進国中では、戦後初という未曽有の事態であった。しかし、リーマン・ショック後に大きな景気後退が起きたアメリカもまた、デフレ寸前の危機に陥っていたのである。

ＦＲＢのベン・バーナンキ前議長が、２００２年の段階でスタッフに書かせた論文には「日本のように中央銀行が金融緩和を渋っているとデフレが生じ、金利をゼロにしても救済できない状態に陥る」ことがすでに示されていた。また彼は、「日本は早期にリフレ政策を実行すべき」という旨の講演を、２００３年に来日した時点で行っていた。

かくしてデフレの怖さを十分に研究していたバーナンキ議長は、リーマン危機の大波がアメ

図7　リーマン・ショック後、デフレに陥りかけたアメリカ経済

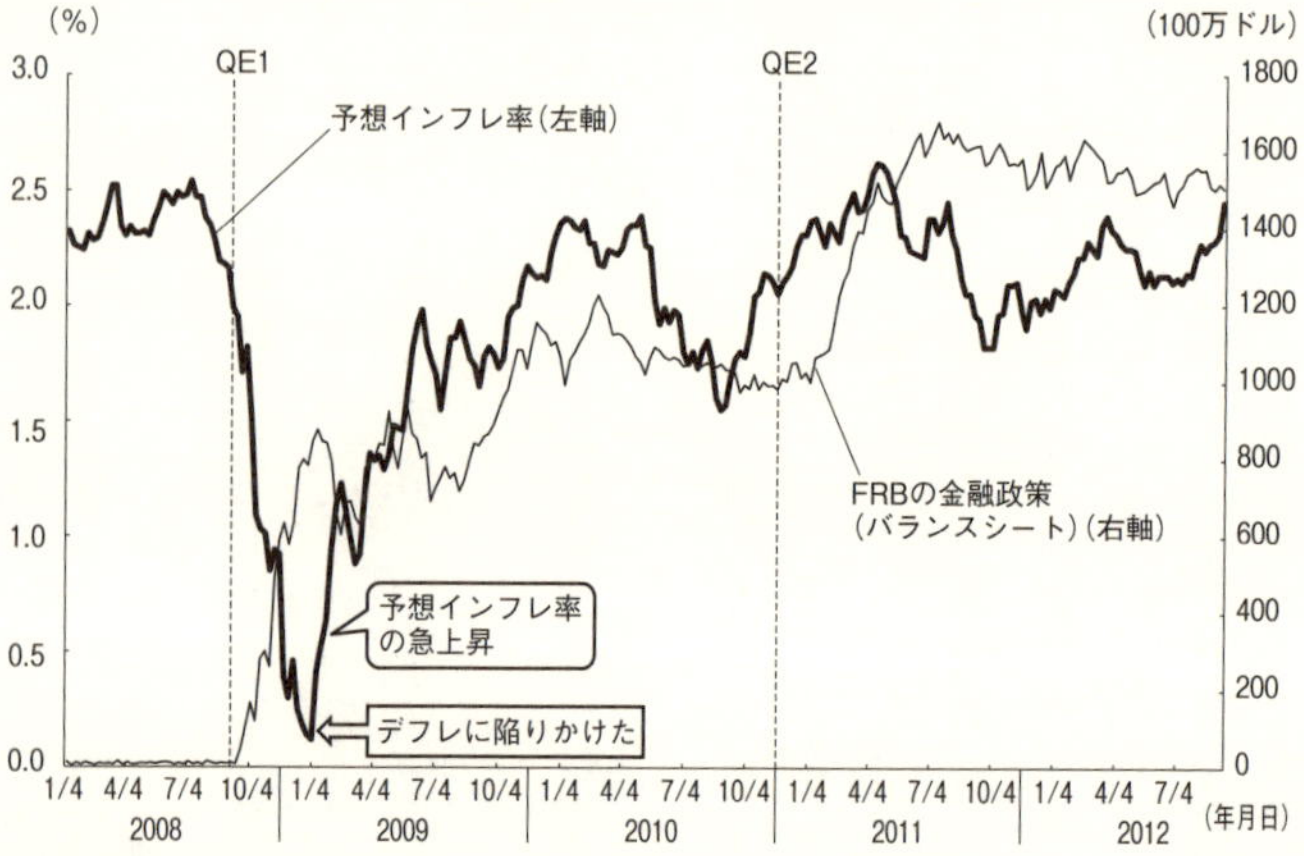

出所：FRBデータより作成

図8　リーマン・ショック後、急激なドル高が生じたアメリカ経済

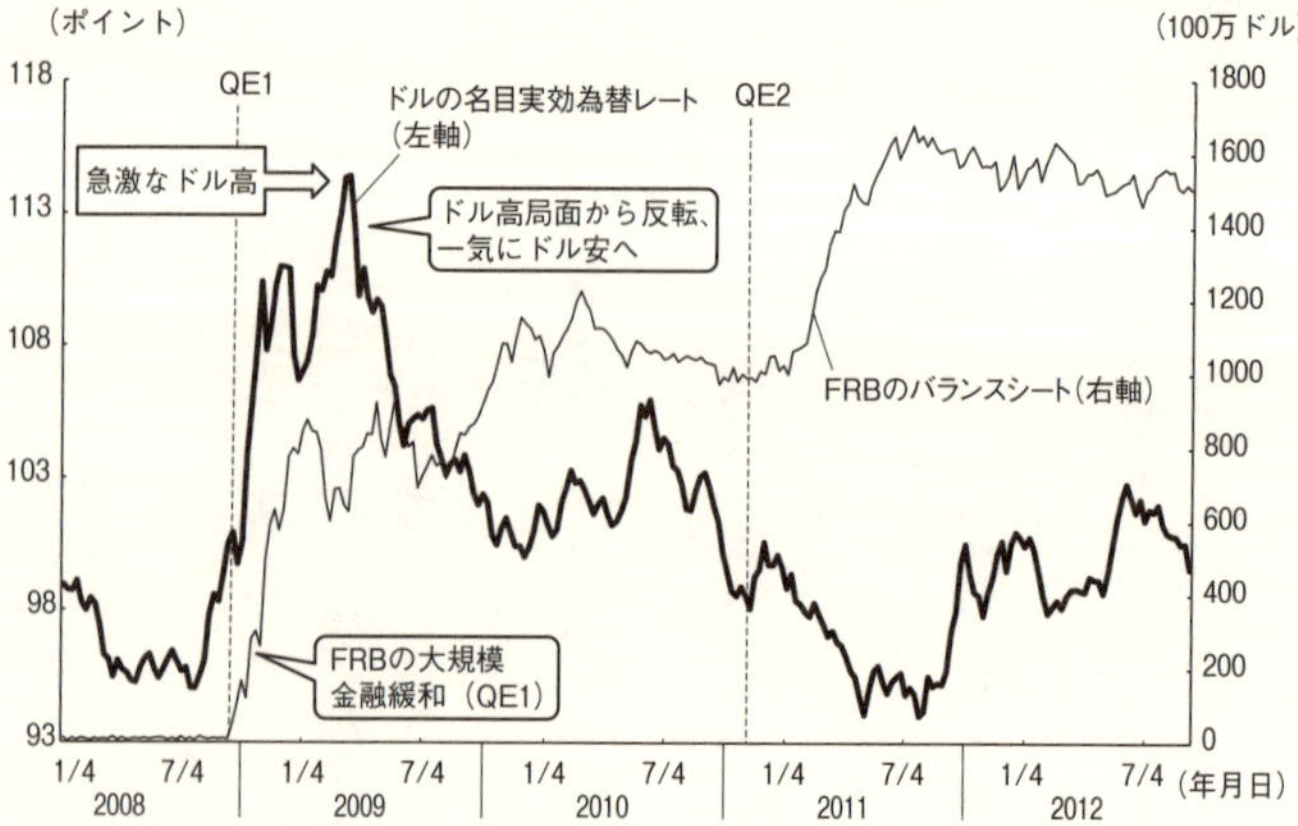

出所：FRBデータより作成

リカ経済を襲った時、日本を他山の石としたうえで、「どうしたら日本のようにならないか」を考え、劇的な金融緩和政策をとったのである。

実際に、リーマン・ショック直後のアメリカがデフレ寸前にまで陥り、同時に急激な自国通貨高に悩まされていたことを示すのが図7と図8である。

1990年代前半のバブル崩壊後の日本がデフレに陥り、長期の円高（自国通貨高）に見舞われた状況と、サブプライム・ローンバブル崩壊後、大規模な金融緩和を行うまでのアメリカが「デフレ懸念とドル高（自国通貨高）の危機」に見舞われていた状況は、酷似しているのである。

デフレが長引くと企業が弱体化する

日本やアメリカで生じた「デフレ（あるいはデフレ懸念）」と「自国通貨高」の原因を探るためには、デフレと自国通貨高は、バブル崩壊後の「急激な信用収縮」によってもたらされたことを理解する必要がある。

信用収縮とは、銀行などの金融機関による企業や個人への資金の貸し出しが〝いっきに〟抑制され、十分な資金が供給されない状態を指す。

この状況が続くと、企業や投資家が設備投資や株、債券への投資を行うことが困難になる。

そのため株価と不動産価格は暴落し、景気後退に見舞われる。

ではバブル崩壊時の日本とアメリカで、なぜ大幅な信用収縮が起こったのか？

それは「バブル崩壊以前に、バブルを嫌った中央銀行の金融引き締め政策が実施されていた」からである。

デフレとは企業間の価格引き下げ競争の結果なので、企業側からすれば、商品とサービスの単価を下げざるを得ない状況である。デフレが生じている時は、商品やサービスが売れない状況である場合が多く、値下げと売り上げ減の二重苦によって、企業の売り上げはさらに落ちる。デフレで商品やサービスの単価が下がったとしても、売れる数は増えないからだ。

すると企業の経営者は、この状況が将来にわたってしばらく続くだろうと考え、新規の設備投資を大幅に減らし、コストのかからない企業体質にしようとする。

つまり、企業の売り上げが年々減り続ける（実質ＧＤＰ成長率が減少し続ける）日本の不況は、〝デフレ〟によって加速させられた部分が非常に大きかったのである（リーマン・ショック後のアメリカも、一時的にこのデフレ型の不況に見舞われていた）。

非正規雇用が激増した理由

デフレによって売り上げが減った企業は、従業員の給料を減らすなどコスト削減を行う必要が出てくる。手をつけやすいボーナスからカットし、次に昇給をやめ、それでもダメなら従業員の基本給をカットする。給料の減った従業員がモノを買い控えれば、社会全体の消費はますます減る。そして企業はさらなる値下げによって、何とか売り上げを確保しようとする……。

これが、少し前まで日本で起きていた「価格引き下げ競争（デフレ・スパイラル）」の実態である。

大手企業が設備投資や新卒社員の採用を中止し、細々とやりくりするような方針をとれば、下請け企業は受注が減ることで苦境に陥り、会社を存続させるために社員のクビを切らざるを得ない。

また「大きな将来不安」が生じているなかで、仮に企業が再び人を雇うことになったとして、進んで「正社員」を雇い入れるだろうか。解雇しづらい正社員を積極的に雇おうなんて奇特な経営者は滅多にいないはずである。

したがって雇われるのは、いつでも解雇しやすいアルバイトやパート、派遣社員などの「非正規労働者」だ。日本ではデフレが続いたことによって「非正規雇用の増大」が生じたのだ。

なぜ日本で円高が定着していたのか

バブル崩壊後の日本とアメリカでは、「デフレ」と同時に〝自国通貨高〟が起きていた。このことにも「大幅な信用収縮」が関係している。

バブル崩壊後に日本で起こった「超円高」も、リーマン・ショック後にアメリカで起こった「急激なドル高」も、バブルを嫌った中央銀行の「金融引き締め政策」によってもたらされた。

なぜかといえば、為替レートは簡単に言うと、「2国間の通貨総量の比」によって決まるからだ。

ドル/円レートでいえば、基本的に「世界に流通しているドルの総量」と、「世界に流通している円の総量」の相対量によって、為替レートは決まってくる。

その理由は、その背景には次のようなことが起こるからだ。

1　中央銀行が金融引き締め政策を実施している時は、通貨の総量（たとえば円の総量）が減る時に等しいので、投資家の抱く予想インフレ率が低下する。

2　投資家の予想インフレ率が低下することは、投資家が「近い将来、中央銀行が金融引き締め政策を行うため、その国の通貨の量が減る」と予想しているということである。それは、投資家が、その国の通貨（円）の希少価値が将来上がる（貴重なものになる）と予想していることに等しいわけだから、投資家はその通貨（円）が貴重なものになる前に保有（購入）しようとする。

3　買われる通貨（円）の価値は上がる（すなわち、通貨高/円高が起こる）。

かくして、自国通貨の総量が（他国の通貨に比べて）減った国の通貨の価値が上がる（円高が起こる）のである。

逆に、日銀が金融緩和政策によって円の総量を増やせば、自国通貨安（円安）が生じる。

結局、為替レートが2国間の通貨の総量の比で決まるとしたら、ある国の通貨の総量の変化に大きな影響を与えているのは、その国の中央銀行の金融政策の変更（マネタリーベースの変動）である。日本の金融界では、為替の変動に大きな影響を与える2国間のマネタリーベースの比の関係を図示したものを、投資家ジョージ・ソロスの名をとって「ソロスチャート」と呼んでいる。

余談だが、ソロス自身にソロスチャートで為替の予想を立てているのかを確かめたら、「私がそんなことを言い出した覚えはない。せっかく自分の名を出すのなら、認識論の学説としてのリフレクシヴィティ（再帰性）理論の創始者として認めてほしい」と言っていた。

リフレクシヴィティの理論を一言で説明するのは難しい。再帰性とは、元と同じ状態に戻ることが可能な性質のことであり、投資の世界に当てはめると、（株や債券などの）資産の実際の市場価格とファンダメンタルズ（経済の基礎的条件）価値の間に乖離《かいり》がある場合、資産の実際の市場価格が、ファンダメンタルズにもとづく理論上の適正価格に戻ろうとする現象を指す。

この場合のファンダメンタルズとは、売り上げ高や利益、資産や負債などの企業の実体的な業績のことを指し、そのファンダメンタルズから考えて、適正と思われる（株などの）資産の理論上の価格のことをファンダメンタルズ価値という。

ソロス以前の通説としては、あくまでファンダメンタルズが本体で、投資家の思惑が、その理論値に追従していくと考えられていた。

それに対してソロスは、株価のブームや沈滞の時には、期待が株価を主導して、思惑そのものが実体（ファンダメンタルズ）を作り出すと説く。学者はこの考えに冷淡だが（例えばマサチューセッツ工科大学の権威であるロバート・ソロー教授はソロスの学説を「アマチュア」と一蹴している）、投機の玄人筋では共感者も多く、ソロスはこの理論で実際に莫大《ばくだい》な富を手にしてきたといわれる。

とはいえ、「2国間の通貨総量比の変化」のみで為替レートが決まるわけではない。

たとえば為替レートは、2国間の実質金利の相対比にも影響を受けている。

金利には、名目金利と実質金利という2つの概念がある。名目金利とは、一般の用語で金利と呼ばれるもので、経済学的にいうと、物価変動を考慮しない、表面上の金利を指す。たとえば預金金利などは、名目金利の代表例である。

一方の実質金利は、この名目金利から、物価変動の影響を取り除いた金利のことである。その計算式は、「実質金利＝名目金利－予想インフレ率」である。予想インフレ率とは、その国のインフレ率が今後何%ほどで推移するかの予想のことである。

たとえば、中央銀行が金融引き締め政策によって通貨の総量を減らす時、その国の投資家が抱く予想インフレ率は低下する。

人々は、普段は名目金利しか気にしていないことが多いが、大きくマクロの視点で俯瞰《ふかん》すると、実際には実質金利の変動の影響をもろに受けている。だから経済学では多くの場合、名目金利よりも、実質金利の動向を考慮に入れて分析することになる。

為替の値動きにも、この実質金利の動きが大きな影響を与えている。

たとえば、実質金利の高い国の通貨を保有した人には、多くの金利収入が入ってくるので、保有したい人（その国の通貨を購入する人）はさらに増える。だから、実質金利が高くなった通貨の価値は上がるのだ。

また、2国間の物価の変動率（正確には予想インフレ率）が一定であれば、実質金利は名目金利に等しくなるので、この時は名目金利の高い国の為替レートが上昇するというわけだ。

中央銀行が為替を動かしている

ここまでの説明でわかる通り、為替レートは、中央銀行が行う「金融〝引き締め〟政策」「金融〝緩和〟政策」によって、日々動かされている（正確には、各国の中央銀行が自国の景気調整のために金融政策を行うことで、結果的に動いている。通常、為替レートは政策の目標ではない)。

中央銀行が為替レートを動かすことは、実際に可能なのだ。

世界経済史上、未曽有の出来事であった1971年8月15日の「ニクソン・ショック」が起きる以前まで、世界は「固定相場制」の支配下に置かれていた(ニクソン・ショックとは、当時のリチャード・ニクソン大統領が世界に向けて「固定相場制の中止」を発表したために起きた衝撃のことである)。

固定相場制とは、各国とアメリカ間の為替レートが変動しないよう、各国の為替レートが米ドルに〝固定されている〟ことである。

「為替レートが固定されている」ことは、逆説的だが「誰かの手によって、為替レートが変動しないよう調整されている」ことに他ならない。そして、その〝誰か〟というのは、各国の中央銀行である。つまり、「為替レートの固定」を可能にしていたのは、「各国の金融政策が、米ドルの動きに連動するよう、調整する形で発動されていたから」なのである。

為替レートは今も昔も、「固定すること」も「自在に動かすこと」も可能であるが、現在、変動相場制をとっている国の間では、各国の中央銀行が行う金融政策によって自由に動くようになっているのである。

円高は日本経済に大きな不利益を与える

なぜ本書では、ここまで詳細に「円高の話」をしているのか。

それは、為替レートが円高方向に動く時、その国の輸出産業が、他国の輸出品に価格競争で負けてしまうからであり、それによって日本の産業が大きな打撃を受けることになるからである。

たとえば、つい最近まで韓国のサムスン電子などの企業が好調な一方、日本のパナソニックや日立、シャープなどの輸出競合製造業は苦境に追い込まれていた。このことにも円高が関係していたのである。韓国と日本の為替（ウォン／円）レートは、アジア通貨危機で韓国ウォンが大暴落する直前の１９９６年以降、長期にわたって４割以上の円高方向で推移していた。

つまり、日本の製造業（たとえばパナソニックや日立、シャープなど）がいかに品質向上に努めようと、韓国製品との国際価格競争においては、無条件で円高分のハンディキャップ（不利な条件）を課せられていたのである。メモリーチップの国策会社エルピーダが破産したのも、このような事情によるところも大きい。

為替市場での４割のウォン安は、日本にとっては、韓国からの輸入品が４割引きで売られているという状態だ。しかも、ウォン建てでは商品の値段は下がらないため、韓国の企業の利益は一切減らない。つまり円高は、韓国企業に濡《ぬ》れ手で粟《あわ》の状況をもたらしていたのである。

通常、日本の一般企業の努力による生産性の向上（利益率の改善）は、どんなに頑張ったところで、年率2・5％程度である。対して、韓国との為替レートは、1996年から2013年の初頭まで、平均年率約3・6％の「円高／ウォン安」であった。

日本は、韓国との競争力を年率で3・6％ずつ削《そ》がれてきたようなものである。いかに日本企業が努力しようとも、この状況を覆す成果を挙げるのは困難を極めるはずだ。

そして当然のことながら、日本の円高はウォンやドルに対してだけでなく、他の多くの国の通貨に対しても起こっていた。

日本企業が世界との競争において、いかに過酷な条件のもとで働いてきたのか、おわかりいただけただろうか。

円高が地方を衰退させてきた

円高は、輸出製造業に危害を与えるだけにとどまらない。日本国内の「輸入品競合産業」（海外からの輸入品と競合している日本の各産業）にも大きな打撃を与えてきたのである。

円高の影響を受けて疲弊し続けてきた「輸入品競合産業」といえば、漁業や農業、そして地方の地場産業や観光業などが挙げられる。

日本の漁業や農業は、海外から輸入される魚介類や農産物と競争しているし、日本の地場産業も、海外からの輸入品と競合している。円高が進むと、魚介類や農産物は海外から輸入したほうが安く仕入れられるようになる。

観光業の場合、円高が生じると、日本への旅行にそれだけ余計な費用がかかることになり、海外からの旅行客が減る。同時に、国内旅行をする日本人の数も減るのである。

現に、2014年には円安で逆のことが起こっており、11月中に日本への外国人観光客は1000万人を超えたのである。

つまり「円高」は、「輸入品競合産業」に打撃を与えることで、地方の衰退も加速させてきたのである。

円高により工場を国外に移転させても、本社は東京に残る必要もあるので首都圏の衰退はそれほどでもないが、地方の打撃は大きい。地方の商店街をシャッター通り化させた元凶も、円高だったのだ。

円安が景気を回復させる

このことは、日本の「国内総生産（GDP）」の増減を見れば一目瞭然である。

かつての日本では、「日本の貿易不調の原因を、為替レートのせいにするのは間違っている」という言説が、まことしやかに語られていた。

図9　円高とともに減り続ける日本の名目GDP

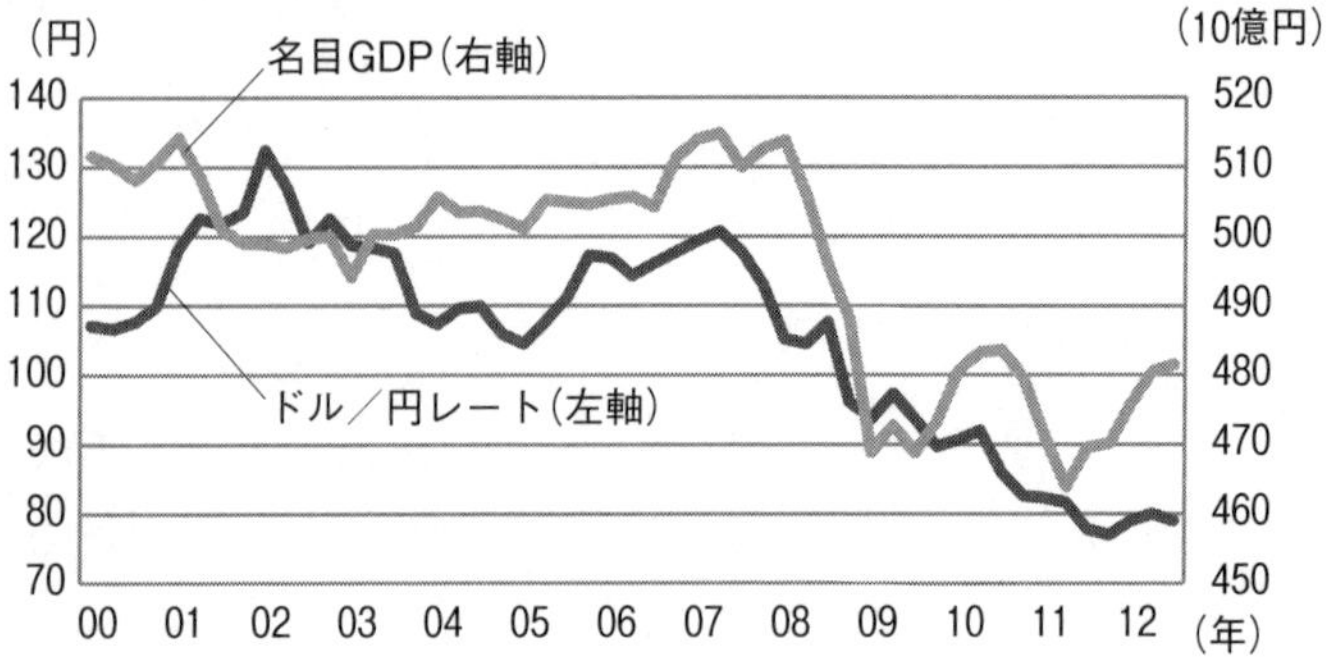

出所：内閣府データより作成

しかし、円高が続いたことで日本の利益（ＧＤＰ）が減り、地方経済までもが衰退してきたのは明らかである。

そのことを如実にあらわしているのが図9だ。日本の利益（名目ＧＤＰ）が円高の進展に伴い、明確に減っていることがわかる（為替レートが名目値なので、比べるＧＤＰも名目ＧＤＰをとっている）。

それにもかかわらず、これまで円高は「輸入品が安くなるからいいことだ」「海外旅行に行きやすくなるから喜ぶべきことだ」「強い円（円高）は日本の国益」などともてはやされてきたのである。

円高にそういった利益があるのは確かだが、「日本経済全体の影響を考えた場合はどうか？」という視点が、完全に抜け落ちているのである。

アベノミクスによる「金融緩和政策」の発動以降、日本の為替レートは、対ウォンで見ても、かなりの円安にまで数字を戻してきている。その結果、韓国のサムスンやヒュンダイなどの輸出製造業の売り上げが減っている反面、日本のトヨタやパナソニック、シャープなどの利益は如実に増えている。

韓国の企業にとっては気の毒な話かもしれないが、そもそも行きすぎたウォン安（円高）を仕掛けたのは韓国のほうだった。今の動きはいわば、極端なウォン安政策が、日本の金融政策によって是正されたにすぎないのである。日本企業の利益が、円安への転換によって通常の競争環境の値まで取り戻した結果だといえよう。

リーマン・ショック後、デフレとドル高を見事に乗り切った米国

残念ながら、2008年秋のリーマン・ショック以降、日本経済は世界で最も大きな痛手を被ってしまった。

リーマン・ショックの震源地であるアメリカの損害が大きかったのはやむを得ない。実際に、サブプライム・ローンに手を出していた金融機関が多数あり、バブルが弾けたと同時に、多大な損失を被った金融機関と一般家庭が続出した。

しかし、当時の日本の金融機関は、サブプライム・ローンにほとんど手を出していなかった。だからサブプライム・ローンバブルが崩壊した時、直接的に被害を受けた金融機関は少なかったはずである。金融機関の破たんも起こらなければ、信用不安も生じなかった。にもかか

わらず、リーマン・ショック後に世界で最も景気が後退したのは、日本だったのである。

なぜそんなことが起こったのか?

英米両国は、国内の金融破たんに対応するため、通貨供給を大幅に増加させた。それにより英ポンドや米ドルの希少価値が下がったため、円高が極端に加速したのである。

言い換えれば、危機に対応した英米の中央銀行のなりふり構わぬ未曽有の金融緩和によって、日本は急激な円高となったということだ。そして日立やパナソニックなど輸出中心の企業は世界で競争力を失い、国内ではデフレ傾向が助長され、日本が不況に陥ったのである。

リーマン・ショック後、アメリカは、すぐに次のような対応に出ていた。

1　リーマン・ショックが起きた直後の2009年、FRBはQE1(量的緩和第1弾)と呼ばれる大規模な「金融緩和政策」を実施。

2　2010年にはQE2(量的緩和第2弾)を実施。2012年1月には「2%のインフレ目標」を設定。

3　2012年9月にはQE3(量的緩和第3弾)を、さらに2013年1月にはQE4(量的緩和第4弾)を実施するなど、積極的な金融緩和政策をとった。

その結果、アメリカはデフレの危機とドル高の悪循環から逃れたのである(図7、図8参照）。

しかし日本、いや日銀は、バブルが崩壊した１９９１年3月以降、積極的な金融緩和に踏み切らなかった。これほどの円高を、日銀は手をこまねいて見ていたのだ。そのため超円高が定着し、先進国中、戦後初という未曽有のデフレ経済を招いてしまったのである。

それどころか日銀は、２００８年のリーマン・ショック後の経済危機においても、言い訳程度の金融緩和にしか踏み切らなかった。結果、金融市場が無傷だった日本が、ＧＤＰや鉱工業生産指数で見ると、サブプライム危機の震源地であったアメリカを超え、米英の2倍にも及ぶ経済的打撃を受けたのである。

アメリカも日本の景気回復に期待している

現在、日本経済は一応の回復傾向にある。

それは、当時の安倍晋三自民党総裁が、政権担当者になる前の２０１２年11月に大胆な金融緩和を宣言し、首相就任後に実行したからであることは周知の通りである。

１９９８年に新日本銀行法が施行されて以来、日本経済は世界各国のなかでほとんど最悪といっていいパフォーマンスを続けてきた。繰り返しになるが、不況の主たる原因は、日本銀行が金融政策において過去15年あまり、デフレや超円高をもたらすような緊縮政策を続けてきたからである。

それが2012年11月の衆議院解散から円安・株高の傾向が始まることになった。発起人である安倍晋三氏は、なぜこのようなことができたのだろうか。同氏が2度目の自民党総裁に就任する前に私に語った言葉によると、「日本経済がデフレ脱却をしようとする際、これまでの『ゼロ金利廃止(2000年)』や、『量的緩和中止(2006年)』といった日銀の緊縮政策が、日本経済の成長の芽を削いでいたことをつぶさに観察したから」であるという。

2012年11月の時点では、金融政策で日本経済を復活させるというアイディアに賛成していたのは、岩田規久男氏を中心とする、アベノミクスの創成者となった数少ないリフレ派の学者やエコノミストだけであった。

民主党政権はもとより、政治家の大半、政府関係者、日銀総裁、ほとんどのエコノミスト、メディア、それに多くの経済学者までもが、金融政策で日本経済を立て直すのは困難であり、望ましくないと考えていた。

私自身、「金融政策を大胆に用いて」などと言うと、「浜田さんは劇薬を振りかざしている」とメディア関係者から言われ続けてきた。

安倍首相は、政策の中枢に近かった自らの原体験から、少数派の我々の意見が正しいという直感を持たれたらしい。それはリフレ派にとって何よりの追い風だったが、安倍政権、そして日本国民にも幸運をもたらしたのである。

首相は、デフレ脱却を最優先させ、「日銀は２％のインフレ目標を採用して、強力な金融緩和をする必要がある」と主張し続けたのだ。

アメリカの大統領経済諮問委員会の委員長であったカリフォルニア大学のクリスティーナ・ローマー教授は、「アメリカにおいてさえ、金融政策が景気回復に役立たないと思われていたのは、実は今まで試してみなかったからに他ならない」「『金融政策が無力である』という思想ほど、マクロ経済に害毒を流したものはない」と述べている。そして「金融緩和が効くことの証拠を日本が見せてくれることに期待している」と私に語ってくれた。

私も学者の一人として、「日本経済の症状を回復させる手段は提供できるのに、誰も本気で試してくれない」という忸怩《じくじ》たる思いを抱えていた。

そして安倍首相が、勇気を持って金融政策による回復策を試した結果、「論より証拠」とばかりに日本経済が復活しつつあるのである。

これをどうしたら永続させられるのかは、本書の後半で述べたいと思う。

第3章

デフレが日本を滅ぼす

前章では、「デフレとドル高を克服してきたアメリカ」と「デフレと円高を放置してきた日本」の経済を比較して、金融政策の有効性を述べた。

読者のなかには、「それとは、〝まったく逆〟の話を聞くことも多いため、実際のところはどうなのか判断しづらい」という方もいるかもしれない。

本章では、なぜこれまでニュースや報道で、多くの「専門家」と呼ばれる識者たちが、「デフレは悪いことではない」「円高はいいこと」「金融緩和は意味がない」といった、本書とは真逆の主張を唱えてきたか、そしてそれがいかに間違っているかについて説明しよう。

デフレと人口減少は関係ない

現在の日本において、多くの人が最も心配しているのは、「人口減少」の問題であろう。なかでも目立っているのが、「日本のデフレは、少子高齢化による生産年齢人口の減少によって引き起こされている」という説（人口減少デフレ説）である。

「生産年齢人口」とは、15～65歳未満の現役世代の人口を意味しており、「生産年齢人口の減少」とは、働き手である「現役世代の人口減少」を指している。そして「現役世代の人口が減る」ことは、同時に「消費を活発に行う層」が減ることを意味する。

「人口減少デフレ説」はデフレの主要な原因として、消費を活発に行う層が減少することで日本全体の消費（需要）が減り、企業が価格競争に巻き込まれて物価の下落が起こっている、というものだ。

この説は本当に正しいのか、データを詳細に見ていこう。

図10は、１９８８年以降、複数年にわたって現役世代の人口が減少した国々の、生産年齢人口増加率とインフレ率を示したものである。

図10　生産年齢人口減少国のインフレ率

	生産年齢人口の増加率	インフレ率（消費者物価）
ラトビア	−2.6%	4.9%
リトアニア	−2.3%	4.8%
ブルガリア	−1.4%	4.9%
日　本	−0.9%	−0.2%
クロアチア	−0.8%	3.0%
ハンガリー	−0.4%	5.0%
エストニア	−0.4%	4.4%
ポルトガル	−0.3%	1.9%
ドイツ	−0.2%	1.6%
セルビア	−0.2%	9.0%

※2007～2012年平均　　出所：世界銀行データより作成

この図から、ラトビア、リトアニア、ブルガリアの3国のほうが、日本よりも現役世代の減少が生じていることがわかるだろう。

ここで注目すべきは、日本よりも、多くの現役世代の減少が起こっている3国において生じているのは「デフレ」ではなく、「インフレ」ということだ（順に、＋４・９%、＋４・８%、＋４・９%という高いインフレ率である）。

つまり、このデータを見ると、「現役世代の減少に伴い、デフレになっているのは日本だけ」であるのが一目瞭然なのだ。

もしも「現役世代が減少すると、デフレになる」という説が正しいならば、現役世代が減っている国はすべて（もしくは大半が）デフレになるはずだろう。しかし、現実にはそうなっていない。

ちなみに日本とほぼ同規模の現役世代の減少が起こっているクロアチア（生産年齢人口がマイナス０・８％）のインフレ率は、＋３・０％であり、同じくデフレになっていない。

したがって、「デフレは生産年齢人口の減少が引き起こしている」という「人口減少デフレ説」は、必ずしも一般論ではないといえる。

確かに日本では、生産年齢人口の減少が始まった１９９７年からデフレが始まっている。「人口減少デフレ説」は、この数字から導き出されたものかもしれない。データをきちんと確認すれば、それが見せかけの相関（一見関係がありそうに思える２つの数字が、実際は関係のないこと）であるとわかるのだ。

だが、日本国内では今なお、多くの識者がこの「人口減少デフレ説」を支持している。

さらには、当の日銀がこの説を支持し、あろうことか白川方明《まさあき》前総裁までが「日銀にデフレの責任はない」ことの根拠としたのである。

そして「人口減少デフレ説」を支持している人たちは、その裏にある、もう一つの大切な事実を見落としている可能性が大きい。

そもそも「現役世代」の意味は、「働く現役世代」のことである。「働く世代の人口」が減った時に真っ先に起こることは、「日本の生産能力が低下すること」である。これは、「企業の供給能力が低下すること」に他ならず、それと同時に「需要の量」も減るのである。

つまり、「現役世代」が減少すれば、確かに日本全体の需要が減り、消費や投資が減る可能性はある。「人口減少は経済成長鈍化の原因の一つである」ことは疑いのない事実である。

しかしながら、人口減少がデフレの原因では決してない。

仮に生産年齢人口の減少が起きた時に、日本全体の商品・サービスの供給量は減らず、消費だけが減るとしたら、確かに、（同じ量の商品・サービスを売ろうとするなら）企業は値下げをせざるを得なくなる。すなわち、デフレが起こる。

しかし生産年齢人口が減少し、現役世代全体の消費の量が減ったとしても、同時に商品・サービスの供給量が減れば、消費も供給も減るわけだから、物価に変動は起こらないのである。

すなわちデータ的にも理論的にも、「人口減少デフレ説」は間違いである。

里芋だけで日本料理は作れない

2011年1月に発売された雑誌「週刊東洋経済（臨時増刊）デフレ完全解明」（以下「東洋経済デフレ増刊号」と略記）のなかで、「人口減少デフレ説」を主張する、日本総合研究所の藻谷浩介氏は、記者からの「他にも生産年齢人口が減っている国はあるのではないですか？」という質問に対し、次のように回答している（引用中、注と略は筆者による）。

生産年齢人口減少にいくつか他の条件が加わったから、日本でだけこのような供給過剰（デフレ／注）が起こっている。（略）日本以外には、1人当たりGDPがトップクラスで、かつ居住外国人を含めた生産年齢人口が減っている国はない。（略）日本は世界の成熟の最先端を走っている。

つまり、「生産年齢人口が減少している日本以外の国々は発展途上国であり、成長の最中にあるからデフレになっていないだけである。先進国である日本だけがデフレになるのはおかしなことではない」という回答である。

しかし、81ページの図10を見ればわかるように、世界の国々のなかで9番目に生産年齢人口が減少している国として、ドイツが存在している点は重要である。

先ほどの引用では、「日本以外の生産年齢人口が減少している国は、発展途上国だからデフレになっていない」ということだったが、日本と同じく「先進国でありながら、生産年齢人口が減少しているドイツ」に「デフレが生じていない」という事実を、どう説明するのであろうか。

結局、「唯一デフレになっていた日本でのみ行われなかったことは何か？」を考えることが、「デフレの原因」を探り当てるのに最も有効な手段になるのだ。

つまり、「金融緩和が行われなかったこと」が元凶なのである。

このようなことから藻谷氏が書いた『デフレの正体』（角川oneテーマ21）の内容は、経済学的にいえば必ずしも正しくないと思われるのだが、それでも「人口減少デフレ説」は根強い人気を誇っている。同じく藻谷氏の著書である『里山資本主義』（角川oneテーマ21）もベストセラーとなっているという。私の知る編集者は、「藻谷さんは日本中を旅行して、日本人の心の故郷に通ずる書き方をするから人気があるのです。浜田さんも見習うといいですよ」と言う。確かに『里山資本主義』からは、「世界のグローバル化の波にばかり圧倒されないで、もっと自分の住む地域を見直してはどうか」という温かなメッセージを読み取ることができる。

私が大変尊敬していた東京大学の大塚久雄先生の大塚史学では、国々の間の貿易の力よりも、「局地的市場圏」内での経済活力から近代資本主義が発達したという牧歌的な世界が描かれていた。同様に藻谷氏の主張は、人々に郷愁を与える考え方であることは事実である。

しかし、今はスマートフォン一つをとってみても、何十カ国という違った国で作られた部品を用いている。このようにグローバル化した現実に、郷土の里山だけをイメージした経済学が有効であるのかには疑問を感じずにはいられない。世界で人気が出始めている日本料理のなかで「里芋」は確かにおいしいが、里芋だけで料理を作るわけにはいかないのである。

「中国発デフレ論」も正しくない

「人口減少がデフレの原因」説以前に頻繁に言われていたのは、「中国経済の台頭により、価格競争に負けた日本がデフレに陥った」という説であった。さすがにテレビや新聞では語られなくなって久しいが、経済学者のなかにも支持する人がたくさんいた説である。

前述の「東洋経済デフレ増刊号」のなかで、「中国発デフレ論」の第一人者である早稲田大学ファイナンス総合研究所顧問の野口悠紀雄氏は、記者に「日本経済の問題点とデフレの位置づけは?」と問われ、次のように述べている。

第1に、新興国の工業化、特に中国の工業化。それまで日本の製造業の作っていた製品と基本的には同じものを、新興国の企業が安い賃金を使って、安いコストで作れるようになった。(略)これが日本の物価の下落を引き起こした。同時に、こうした変化に対応できていないということが、日本経済の長期的な停滞の原因だ。

野口氏の説は、「デフレの原因は生産年齢人口の減少」説と同じく、「中国企業と競争している日本以外の国もデフレになっているのか?」を見れば、正しくないことは明らかだと思われる。

結局、世界でデフレになっていたのは、日本だけだ。ついでに言えば、アベノミクスの発動以降、日本の物価は少しずつプラスになり、インフレの状態に入ってきている。中国の台頭が日本のデフレの原因と言っていた人たちは、この状況をどう説明するのだろうか。

つまり日本は、中国との競争に負けたからデフレに陥っていたわけではないのである。

ちなみに、世間に多く流布していた「デフレの原因説」として、かつては「ユニクロやマクドナルド、吉野家などの企業が価格破壊を行っているため」とする説があったが、これも同様に誤りである。

なぜなら、それらの企業は、全体の物価が下落するデフレの進展に応じ、やむなく「価格競争」の道を選んでいるにすぎないからだ。

「デフレはモノが安くなるからいいこと」は本当か

デフレになれば、モノの値段は下がる。定職があって、正規の賃金をもらっている人にとっては、その一点だけをとれば、いいことだと思う人がいても無理はない。だが、それが「デフレはいいこと」という誤った認識を植えつけてきた。

デフレが日本経済に与える影響を、「デフレが消費者としての個人にとって得かどうか」という視点のみで判断する人は多い。しかし、デフレの是非を考える場合、「個人とは、モノを購入する主体（消費者・需要者）であると〝同時に〟、モノを生産する主体（労働者・供給者）でもある」ことを考えて判断しなければならないのだ。

消費者であると同時に、労働者でもある国民は、「長引くデフレが引き起こした不況によって、収入が減り続けてきた」という事実を忘れないでほしい。

デフレは商品の値段が下がるため、所得が一定であったり、減らなかった公務員や官僚などにとっては、いいことである。一方で、デフレで企業の業績が振るわず、賃金をカットされたり、解雇されたりする人、新卒の労働市場から弾き出される若者たちにとっては、死活問題である。

だから、私はデフレはいいことだと安易に説いている識者に疑問を呈したいと思う。

たとえば、２０１１年10月に出版された『弱い日本の強い円』（日経プレミアシリーズ）という、ＪＰモルガン・チェース銀行の債券・為替調査部長である佐々木融氏の著書には、次のような記述がある。


デフレであれば多少それが続いたところで、個人にとっては購買力が高まるので、実は幸せなことである。さらに、普通に会社に入って勤務を続けていれば、多少賃金制度などが変わってきたとはいえ、歳をとっていくなかで昇給等によりそれなりに名目賃金は増える。デフレで物の価格が下がるなかで、賃金はそれなりに増えるのであるから、実質的な購買力は結構上がっている

図11　物価よりも給与のほうが下がっている

（2010年平均＝100として指数化したもの）

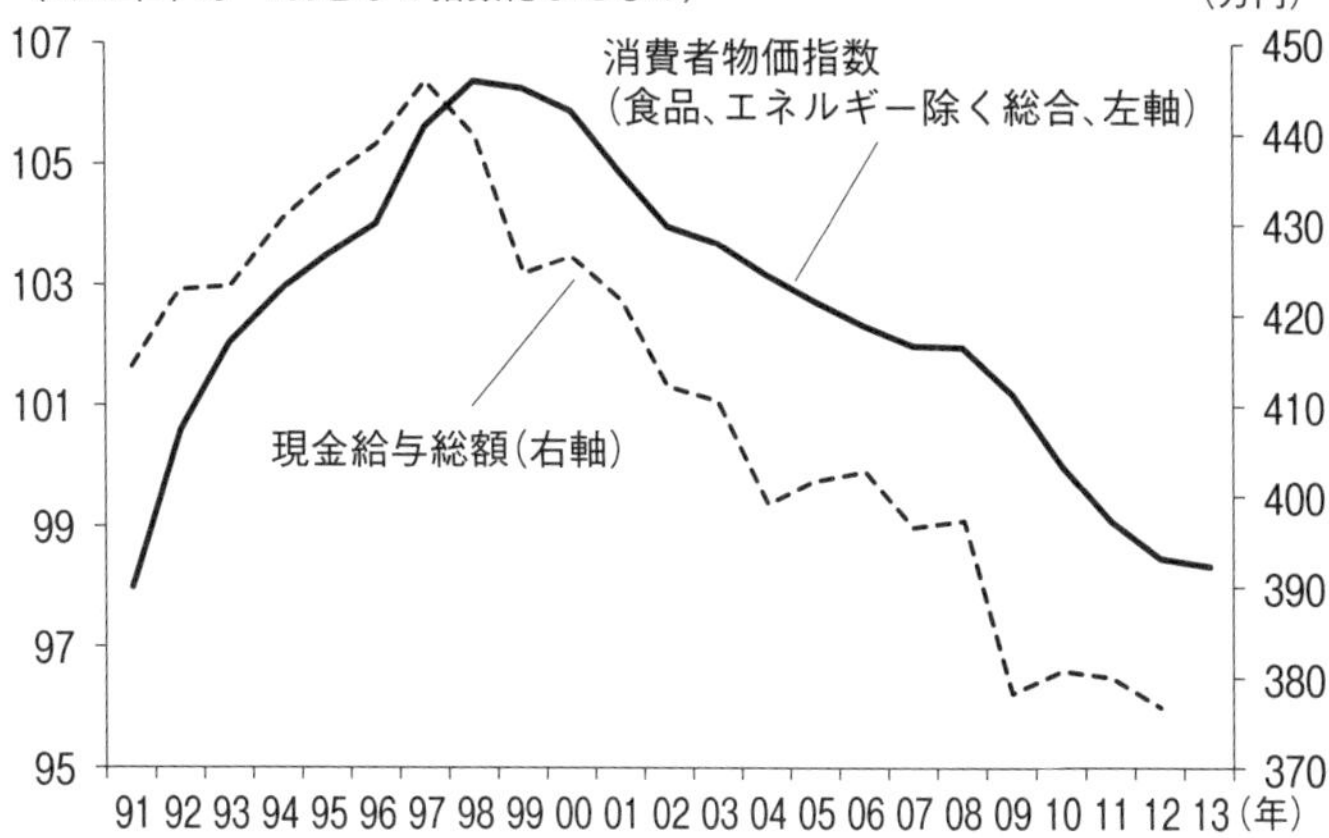

出所：総務省、厚生労働省データより作成

のである。

ここで出てくる購買力とは、「同じ賃金でどれだけ商品を買えるか」を示す数字である。

デフレになっても賃金はそれなりに上がり続ける、しかも円の購買力は結構上がるのでデフレは悪いことではない、という主張である。

しかし佐々木氏は、重要なことを見落としている。それは、「デフレ下において雇用は伸び悩み、賃金も減り続けてきた」という事実である。

図11は日本人の現金給与総額の推移と、消費者物価指数の推移を示したものである。

この図を見れば、同書の「賃金がそれなりに増える」という状況は、今の日本ではまったく起こっていないどころか、賃金は年々減り続けていたことが明らかである。

定職があり、年功序列に支えられた人だけが、

「実質的な購買力が結構上がった」などという感慨が持てるのであろう。

佐々木氏が見逃していたのは、「物価とともに〝賃金も〟下がるだけでなく、一家の稼ぎ頭の働き口を危うくするデフレ」の弊害である。

デフレになるほど失業者は増える

「デフレは賃金を大きく引き下げる効果を持っている」こと自体が、多くの国民を生活苦へ追いやる大問題である。それだけでなく、「デフレ」が国民を苦しみへと追い込んでいくのは、「失業者が増える」からである。

仕事は多くの国民にとって生きるための糧であり、尊厳であり、だからこそ貴重なものだ。

読者のなかには、「たかだか年率1％未満の速度で物価が下落する日本のデフレは、そんなに問題ではない」と考えている人もいるかもしれない。実際、我々経済学者のなかにも、デフレの問題を過小評価している人は大勢いる。

たとえば、慶應義塾大学教授の池尾和人氏は、ダイヤモンド・オンラインの記事（「日銀に〝政治的判断〟を押し付けるな」２０１０年10月５日）のなかで次のように述べている。

デフレを最重要視する人々は、時に戦前の恐慌時をたとえに持ち出す。そのときのデフレは確かに大問題だった。だが、今は2つの点が違う。第1に相対価格が非常に大きく動いている。平均値はマイナス1％程度だが、30％も下落している商品もあれば、上昇している商品もある。戦前は一律に低下した。第2は、当時のデフレは物価の下落率が2ケタ以上の異常事態だった。だが、現在は1％程度の下落が続き、スパイラルに加速しているわけではない。

つまり、「デフレ、デフレといっても、詳細にその中身を見てみると、価格が上昇している商品も存在しているし、そもそも全体的な物価も年率で1％程度しか下落していない。したがって、そんなに問題ではない」という主張である。

しかし、「1％程度のデフレは、大した問題ではない」という見方こそが、日銀の金融緩和政策発動を長らく阻害してきたのである。まさに「1％未満のデフレ」こそが大問題なのだ。

なぜなら、「デフレは、たった1％未満の物価の下落であっても、日本の雇用状況を悪化させる」からである。

その事実は、ロンドン大学のA・W・フィリップスが論文のなかで発表した「フィリップス・カーブ（フィリップス曲線）」からも明らかである。フィリップス・カーブとは、次ページの図12のように、縦軸に日本のインフレ率（デフレ率）、横軸に日本の失業率をとり、その関係をあらわしたものである。

そのフィリップス・カーブから、日本のインフレ率と失業率の関係は、「インフレ率が高く

図12　インフレ率が高いほど、失業率が減る

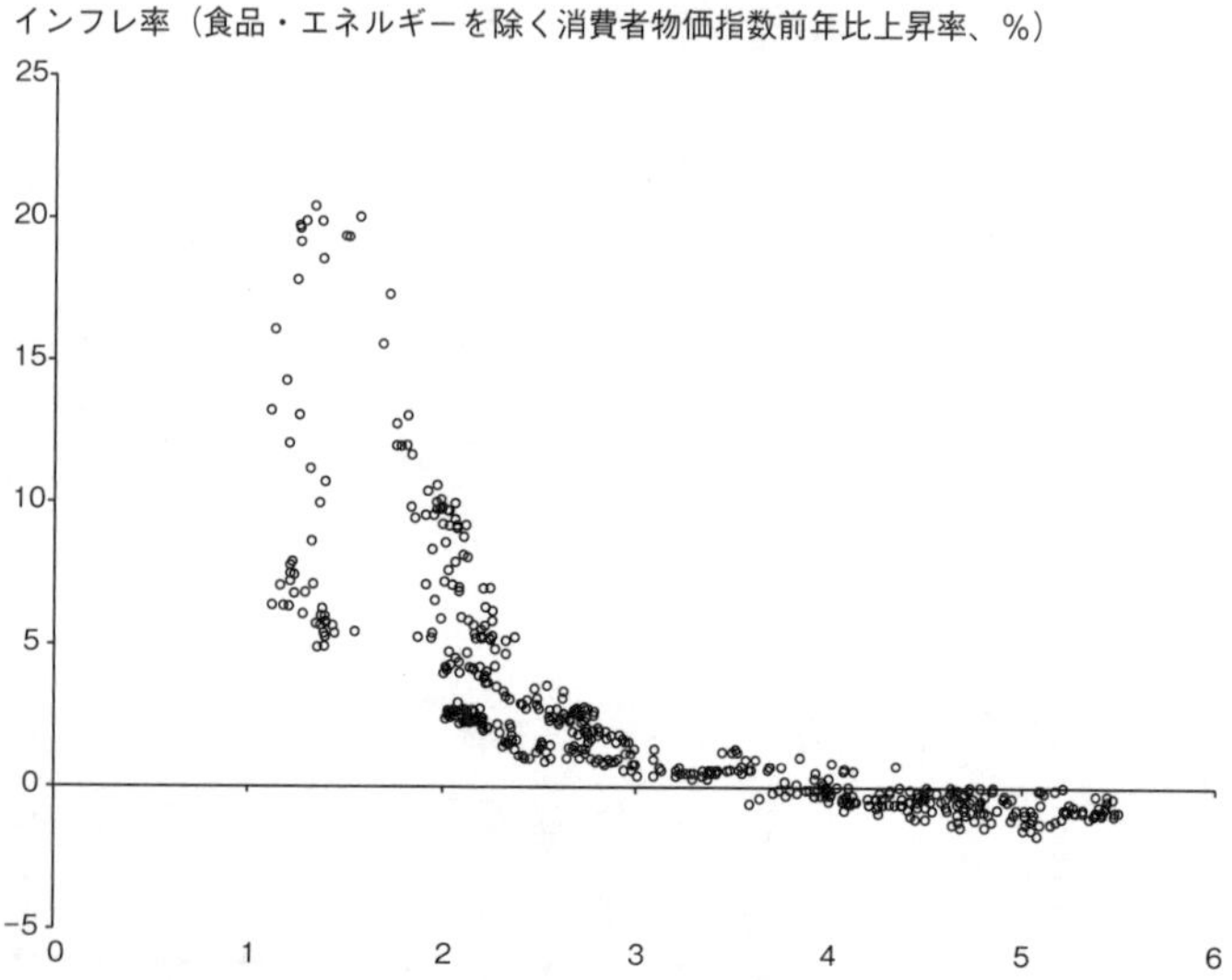

出所：総務省データより作成

なるほど失業率が減少し、デフレが進展するほど失業率が増加する」ということがわかる。

デフレが進展すると失業率が高まる理由は、すでにお話しした通りだ。デフレによる不況のせいで、企業は従業員のリストラに着手せざるを得ないところまで追い詰められてきた。

では、年率1％程度のデフレが、失業者をどれくらい増やすのか？

それを示したのが図13である。この図には、完全失業率の推移と、物価（消費者物価指数／コアコアCPI）の推移（物価は逆目盛りになっていて、数値が上に行くほど物価が下がっている）が示されているが、1992〜1993年のまだデフレに陥っていなかった頃（イン

図13　デフレと失業率は相関している

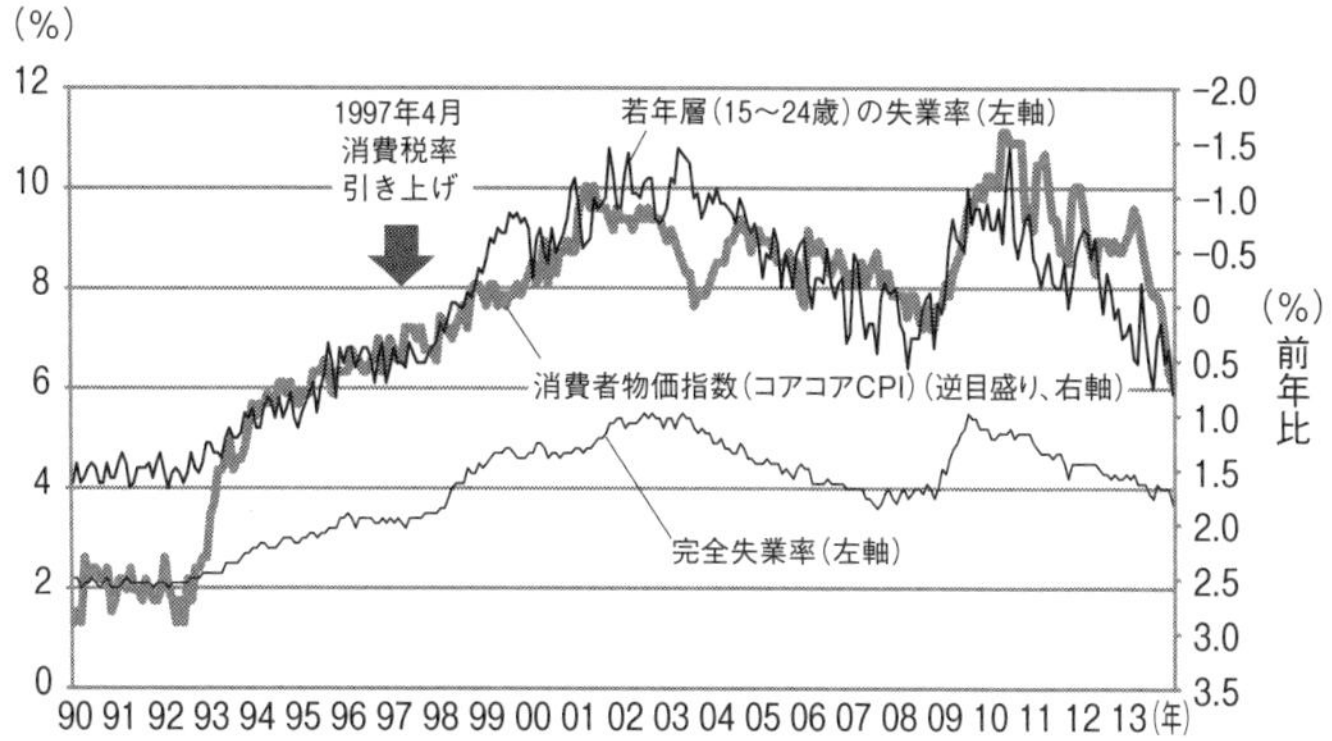

※コアコアCPIから1997年の消費税率・社会保険料引き上げの影響を除いた
出所：内閣府、総務省データより作成

フレ率は2％程度）には、完全失業率は2～3％程度にすぎなかった（2年間の平均）。しかし、デフレが最も悪化した（平均マイナス1・25％のデフレが起きた）２０１０年には完全失業率が5・1％にまで上昇している。

こう言うと、「一番よかった時に比べて、完全失業率は約3％しか悪化していないのか？」と思う人がいるかもしれないが、この約3％という数字は、実数がわからず、比率だけでは少なく見えてしまうだけに曲者《くせもの》なのだ。

完全失業率が約3％上がるということは、約86万人の失業者が増えることを意味するのである。

図13には、15～24歳の若年層失業率も書き込んであるが、これは全体の失業率よりもさらに悪く、最も悪い時には10・8％以上にまで上昇しているのだ（２０１０年6月）。

これは同年代の若者のうち、10人に1人が職にありつけないという凄惨な状況である。しかも一時的に下がったとはいえ、この高い失業率が10年以上も続いてきたのだ。

このように日本の若年層失業率の上昇は、「年率1％程度」にすぎないデフレによって引き起こされているのである。

デフレは自殺者を確実に増やす

「1％程度のデフレ」の問題は、失業者数を増やすだけにとどまらない。長引く日本のデフレは、自殺者数の増加とも概《おおむ》ねペースをともにしている。

図14には、日本の自殺者数の推移が示されている。最近やや減っているとはいえ、デフレの進展とともに1998年頃から自殺者数が増えていることがわかるだろう。

日本の自殺者数は、1997年以前までは年間2万人強であったが、1998年の1年間でなんと3万人超にまで増えている。その3万人超の自殺者数は固定化し、14年も続いてきた。

自殺が増えた理由のすべてがデフレや不景気であるとはいわない（その他の要因としては、〈うつ病などを含む〉病気、家庭その他の境遇などが考えられる）。しかし、自殺者のうち60％が失業者であることを考えれば、「仕事がない人」に大きなストレスがかかり、生活苦が自殺に追いやっている蓋然性《がいぜんせい》は高い。

図14　デフレと自殺者も相関している

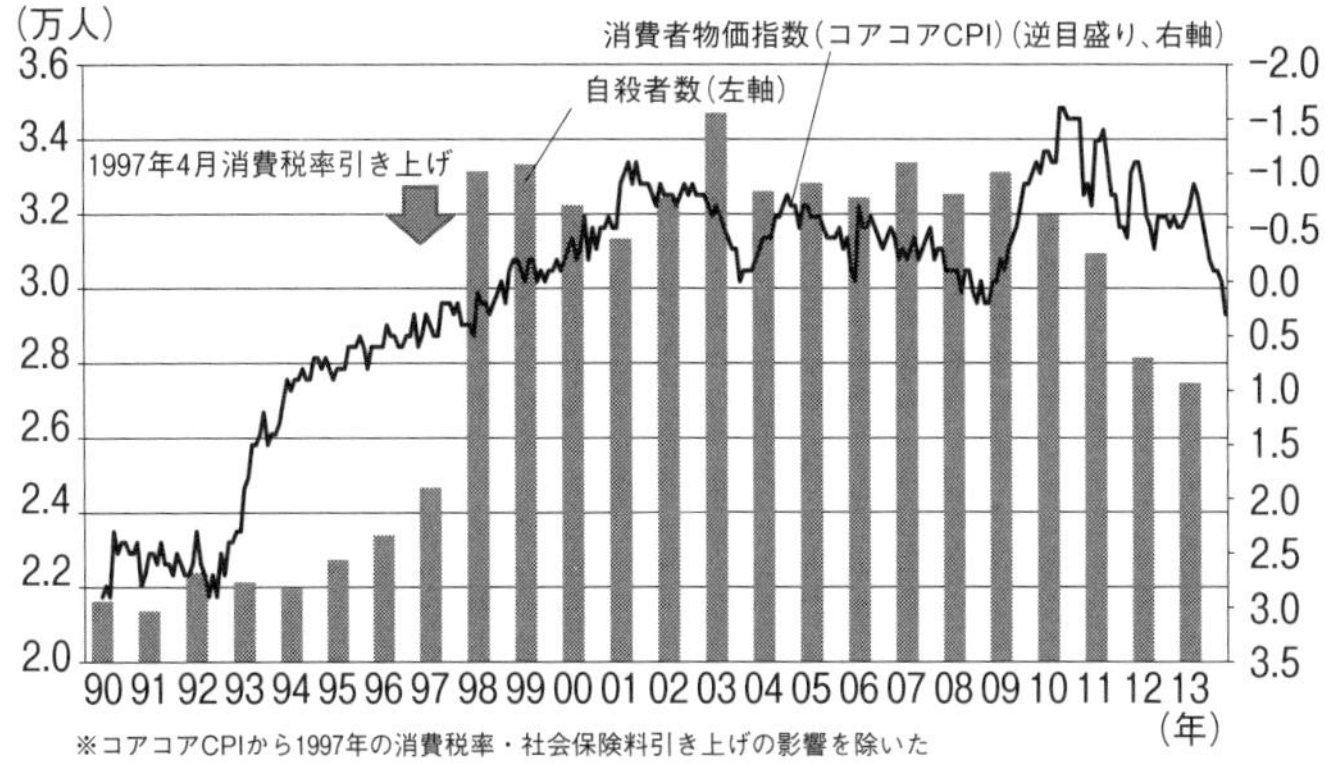

※コアコアCPIから1997年の消費税率・社会保険料引き上げの影響を除いた
出所：内閣府、警察庁データより作成

ことほどさように「1%程度のデフレ」がもたらす雇用への悪影響は甚大なのである。

現在の株価はバブルではない

こういった「デフレの原因を誤認し続けてきた人たち」も問題だが、金融緩和の効果を否定し、その弊害を声高に叫ぶ人たちは、日本経済の回復の足を引っ張っていることにもなるので、一層困ったものである。

たとえば、アベノミクスの金融緩和政策について最初に寄せられた批判は、「バブルが生じる」「ハイパーインフレが起こる」というものであった。

批判の急先鋒《きゅうせんぽう》は、同志社大学教授の浜矩子《のりこ》氏であった。彼女は2013年5月24日の東洋経済オンラインの記事（「アホノミクス」が5つの悲劇を引き起こす！）のなかで、「(アベノミクスで起こる危機とは）具体的にはどのようなものか」という質問に対し、次のように述べている。

第1の悲劇は「デフレ下のバブル経済化」です。メディアでは「この金融緩和をきっかけに、設備投資や消費拡大が起これば、日本経済は本当の意味で、復活する」といった報道がなされていますが、これは間違いです。

つまり、「今回のアベノミクス相場と呼ばれる株価の上昇局面はバブルにすぎない」というものである。これは金融緩和を批判する識者のなかで顕著に見られた、「金融緩和によるバブルで日本が滅びる説」の典型例であった。ちなみに浜氏の「アホノミクス」という言葉は、2013年の流行語大賞の候補にまでなった。

彼女とは一度しかお会いした記憶がない。ある大使館の夕食会で一緒だったが、彼女の英語のうまさは抜群で、とても感心した。日本なまりの抜けない私は、AFS（交換留学）帰りの人々の英語にいつも圧倒されるのだが、英語圏で生まれ育ったと思われる浜氏のネイティブさながらの英語は、鶯《うぐいす》のように響きわたっていた。

しかしいかに美声であろうとも、アベノミクスの推奨者の一人として、自分の正しいと信じるアベノミクスが「アホノミクス」と呼ばれるのは不本意であり、アベノミクスが気の毒である。浜氏は、わずか1年半あまりの間に、過去15年とはまったく違った経済状況を日本にもたらしたアベノミクスをやめて、過去15年間の失われた時代に戻れ、と勧めているわけである。それを日本国民、特に政策当局者が信じてしまったら、日本は再びデフレに戻ってしまう。そうなった時の国民はもっとかわいそうである。

実際、日本の株価のＰＥＲ（株価収益率）は15〜17倍程度であり、ＰＢＲ（株価純資産倍率）は１・５倍弱である。私は、この２つの数字が、バブルの生じていない他の主要国の水準とさほど離れていないという数字的な根拠により、「日本はバブルではない」と主張してきた。

ＰＥＲとは、株価を１株当たりの（予想）利益で割ったものである（ＰＥＲ＝株価÷１株当たり〈予想〉利益）。わかりやすく言えば、投資家が「その企業の現状の利益水準があと何年続くと予想しているか」を示す数字である。

たとえば、１９８０年代後半のバブル期の日本株や、２０００年のＩＴバブル期の米国株の市場（特にナスダックという新興市場）では、ＰＥＲが１００倍近くまで上昇することもあった。これは当時〝かなり好調〟であった企業業績が、さらに１００年間続くと投資家が予想していたことを意味する。

これと比較すると、現状の日本株のＰＥＲの水準は15〜17倍。回復途上にある現在の日本の〝決してまだ高くはない〟企業業績は、あと15〜17年程度は続くだろうと投資家が見ているということだ。これは他国と比較しても、同程度の水準である。

またＰＢＲとは、株価を１株当たりの純資産で割ったものである（ＰＢＲ＝株価÷１株当たりの純資産）。これは、企業が保有する資産から負債の額を引いた純資産に対して、その企業の株価が、何倍程度の価値を持つかを示した数字である。

ＰＢＲが1を下回る企業は、資産を使って事業を行うよりも、会社を解散して、資産を売却したほうがいいと株式市場が見ていることを意味する。すなわち、その企業は株式市場から、「存在する意義なし」と言われているようなものだ。

現在、日本株のＰＢＲは１・５倍で、１を上回っている。これは、「アベノミクスのもとで、日本企業は事業を続けてよい」と株式市場に認められたということだ。

だが、「１・５倍」というＰＢＲは、決して高い水準ではない。世界の株式市場のＰＢＲの平均は２・３倍であり、アメリカは２・７倍程度である。現在の日本株のＰＢＲは、１を超えたものの、世界ではいまだに下から数えたほうが早いという状況だ。

このように、日本の株式が他国と比較して「異常」に買われ、上昇しているわけではない。したがって現在の状況は、決してバブルではないのである。

「金融緩和をしても物価は上がらない」の嘘

「金融緩和で日本の物価は上昇しない」という主張は、多くの日本の専門家が賛同どころか強調し、長年、日銀が金融緩和政策を発動することの妨げとなってきた。

たとえば、東京大学教授の岩本康志氏は、「東洋経済デフレ増刊号」(前述)のなかで次のように述べている。

通常であれば、貨幣の数量を増やせば物価は上がる。だが、ゼロ金利の下では貨幣とそれ以外の金融資産が完全代替に近づくので、貨幣をいくら増やしても、物価は上がらない。今の日本は貨幣数量説が成立しない流動性の罠《わな》に陥っている。

また、先ほども紹介した野口悠紀雄氏は、2013年2月の『金融緩和で日本は破綻する』(ダイヤモンド社)という著書の帯で「安倍政権の政策では、制御不能なインフレが起きる!」と謳《うた》っている。

しかし、日本で金融緩和を行ったあと、実際に物価は上昇しているが、制御不能なインフレは起こっていない。

なぜここまで多くの人が「金融緩和では、日本の景気は回復できない」と主張し続けてきたのだろうか。

その答えはやはり、(一部の例外を除いて)金融緩和否定論者の多くが、「日本の潜在成長力が低下したために、長期の経済停滞に入った」と思い込んでいたからである。

実際、岩本康志氏は、「東洋経済デフレ増刊号」のなかで次のように述べている。

潜在成長率が低いことが問題だ。潜在成長率が下がると、「中立金利」が下がり、ゼロ金利との差が確保できず、ますます物価のコントロールが難しくなる。人口成長が期待できないので、技術進歩をしっかりと高めて、ある程度の経済成長率を確保する必要がある。

ここからは、短期の需給バランスが解消すれば、物価の上昇が起きるということを理解していないことがわかる。

アベノミクスの金融緩和政策の発動以降、景気が如実に回復していることは日本には成長の余地（潜在成長力）が残されていたことを示している。

結局、「日本はもう成長できない」「金融緩和は効かない」と言っていた人たちも、元をたどれば、長引いた日本の不況の原因を「日本の底力＝生産能力の低迷」という供給側の問題と思い込んでいたことを示している。

日本にはもう潜在成長力は残されていないと考えるからこそ、「金融緩和でバブルが起こる」「金融緩和でハイパーインフレが起こる」などと考えてしまうのである。

政策当局である日銀や財務省、そしてメディアまでをも巻き込んで、「日本が再び成長するには構造改革しかない」「金融緩和は効かない」などという説を強調してきたために、実際に日銀の政策を長らく誤らせ続け、多くの日本人を苦しめることになったのだ。

今ではアベノミクスに協力し、有益な役割を果たしている学者たちまでもが、その時のメディアの筋書きにのせられたか、または場の空気を読みすぎたのか、「東洋経済デフレ増刊号」の中で次のような発言までしている。

物価というのは、経済実体の結果で、人間の体でいえば体温みたいなもの。金融政策に過度な期待感を持つのは、「42度のお風呂に1時間入っていたら、体温が上がったからそれでよい」というようなもので、非常に危ない議論。体温を下げた原因のウイルスを根絶しないと意味がない。

金融政策は本来、非常に効くのだが、手遅れ感で難しくなっている。（略）10年前にインフレ目標を導入し、リスク資産を買うという信用緩和もやっていたら、インフレは起きていたと思う。今は相当難しい。

4年後の今ではさすがに同じ言葉は戻ってこないだろう。

私は立ち会わなかったが、「東洋経済デフレ増刊号」の座談会に出席した岩田規久男日銀副総裁も、これらの言説にため息をつき、肩を落としていた。

しかし、前述の発言をした2人は、今現在正しい経済学の理解に立って、アベノミクスのために尽力している人たちなので、これ以上の批判は控えよう。聖書の譬《たと》えのように、放蕩《ほうとう》息子が帰ってきた時には、子牛を食卓に供えて歓迎すべきなのである。

私は経済学の常識から、デフレは金融現象であり、金融政策で解決できることを述べてきた。

ただ、日銀が金融緩和でいくら貨幣をつぎ込んでも、家計や企業にそれを使う気がなく、そのまま溜め込んでしまう状態になることもある。それは、家計や企業が、デフレが今後も長期間続くというような予想をしてしまうと、物価はこのまま下がり続けるのでなるべくお金を使わずに溜め込んで将来に備えたほうがよいと考えるためである。なぜならば、デフレが続けば、それだけモノの値段は下がっていくので、同じモノでも緊急性がなければ、より遠い将来に買ったほうが使う金額はより少なくて済むと考えるからである。

そして、そのような状態に陥ると、日銀がせっかく貨幣を増やしても、消費や投資に結びつかず、ただ溜まるだけになるのだが、これをケインズは「流動性の罠」と呼んだのである。

岩田規久男氏らの金融緩和政策、つまりアベノミクスの第1の矢は、どうしたら、この「流動性の罠」から抜け出せるかを考え抜いて生み出されたものである。

それは、人々に、将来物価が上がる（ただし、大幅なインフレーションではない）という予想を抱かせることによって、人々がお金を溜め込むのを止めようとする政策である。

日銀が「将来、物価が上がる」というシグナルを発信することで、デフレを解消しようとしたのであり、実際に日本経済はその通りになりつつあるのである。

第4章
なぜ日本の財政赤字はここまで膨らんだのか

図15　日本の経済成長と税収は比例している

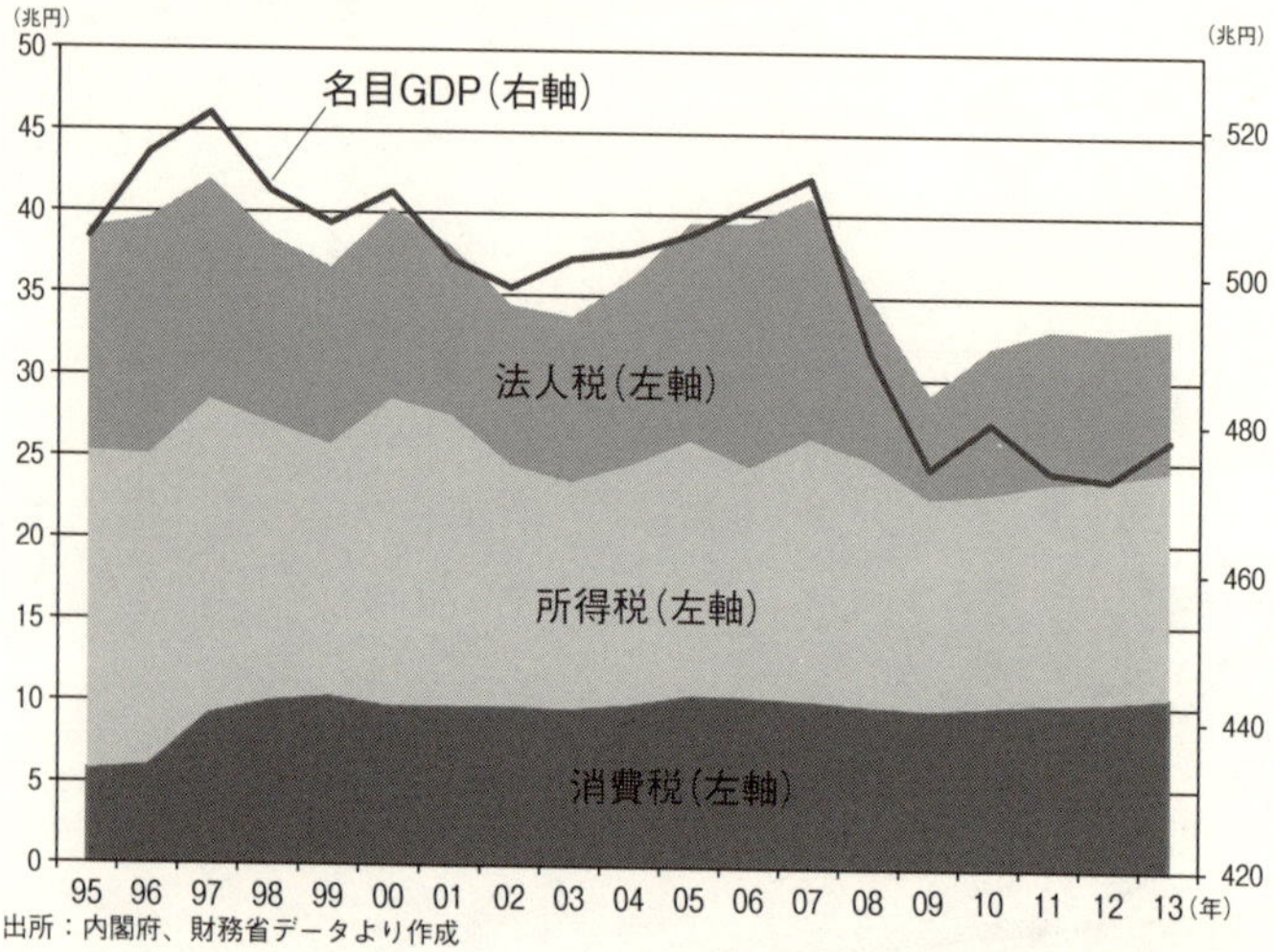

出所：内閣府、財務省データより作成

日本の財政赤字の謎

ここからは、「日本の財政赤字、財政危機の問題」について考えていきたい。

そもそも、なぜ日本の財政赤字はここまで膨らみ続けてきたのか？

その答えは、「長引くデフレによって景気が悪化し、それに伴い税収が減り続けてきたから」である。本書で何度も取り上げている「デフレ」が、「財政赤字」の問題にも深く関わっている。

図15は、日本の経済成長（名目GDP総額の推移）と税収の推移を示している。景気の推移を示すのに、実質GDPの推移でなく名目GDPの推移を用いているのは、税収が名目値で示されているからである。

この図から、日本の景気が悪化する（名目G

DPが減る）につれて税収が減っていくさまが見て取れる。

たとえば、法人税が減っているのは、2000年以降のゼロ金利解除後の景気が沈滞している時である。また逆に、2001年から2006年まで続けられた量的緩和による景気浮揚効果や、2004年初旬に行われた為替介入による円安効果によって景気が回復していた2007年末までは、税収全体が回復している。

さらに、消費税が3％から5％に引き上げられた1997年以降、消費税収は安定しているものの、それ以降、税収全体は減少傾向にある。これは消費税の税率を上げたからといって、必ずしも日本の財政再建（すなわち税収全体の増加）には結びつかないことを示すと同時に、消費増税の負の効果によって景気が悪化すれば、所得税収や法人税収を減らす結果にもなり、日本財政を悪化させる可能性があることを示している。

では、なぜ景気が悪化すると財政赤字が積み上がるのか（もとい、税収が減るのか）？

その要因は大きく分けて次の2つである。

1　景気が悪化すると、政府は景気の下支えとして公共事業などの財政政策を行うため、支出（政府の歳出）が増える傾向にある。
2　景気が悪化すると、政府の税収、主に所得税と法人税が減る（＝政府の歳入の悪化）。

つまり景気が悪化すると、政府から出ていくお金（政府の歳出）が増える一方、入ってくるお金（政府の歳入＝税収）が減ってしまう。したがって、「財政赤字」はどんどん膨らむわけである。

財政再建だけで景気は回復しない

財政再建至上主義者（財政再建を何よりも優先すべきだと声高に主張する人たち）は、「財政赤字を解消するには、次の3つの政策が必要」だと言う。

1 財政の無駄を排除し、歳出を削減する
2 公共事業などを減らす
3 消費税増税などの増税を実施する

彼らは「財政再建をするには、この3つの政策すべてが必要（特に第3の政策が必要）」と説く。

しかし実は、この3つは「財政赤字を減らすどころか、逆に財政赤字を増やす可能性を秘めた政策」であるため、注意が必要である。

そのことを理解するためには、一国の「税収」は、その財源である課税対象に平均税率をかけたものであることに注意しなければならない。数式であらわすと、次のようになる。

税収＝（名目）課税対象×税率

そして財政再建は、個々人や個別の企業の税金がいくらになるのかではなく、日本全体の税収がどうなるかにかかっている。そこでこの税収の式を、日本全体の税収をあらわす数式にすると、次のようになる（ここでは話を複雑にしないため、各税とも税収弾性値が共通だと仮定する。税収弾性値とは、名目GDP成長率が1％上昇した時に、税収が何％増加するかを示したものである）。

日本全体の税収＝名目GDP×税収弾性値×税率

日本全体の税収がこの式であらわされる理由は、簡単に言えば名目GDPが、「個人と企業と政府」の「所得と売り上げと消費の総合計」であるからだ。ここからわかることは、名目GDPが増えること（景気が回復すること）によって、日本全体の税収が増えるということである（逆に名目GDPが減ると、日本全体の税収が減る）。

この話を踏まえたうえでもう一度、財政再建至上主義者が主張する3つの「財政赤字の解決策」を見てほしい。彼らが主張する「財政赤字の解消策」の〝すべて〟が不幸にも、この式の「名目GDP」を減らす可能性を持っている。

ということは、これらの「財政赤字の解決策」を実施すると、財政赤字問題が解決されるどころか、税収が減り、財政赤字問題を深刻化させる可能性があるのだ。

財政再建のために行う3つの政策によって、なぜ名目GDP（もとい、日本の税収）が減るのかは、次のような理由による。

1　財政の無駄を排除し、歳出を削減する

日本の税収の源泉となる名目GDP（日本の利益の総額）の構成要素は、「政府の支出（消費と投資）」と「企業の支出（消費と投資）」と「一般家庭の支出（消費と投資）」の3つからなる。

そのうえで、1の政策が行われると、「政府の支出」そのものを減らすことになる。もちろん財政の無駄をなくすのは一般的にはよいことではある。このことを私は否定しない。

しかし、需要不足で日本経済が苦しんでいるデフレの状態（つまり民主党政権下のような状態）ではよいことばかりではない。政府の無駄をなくしたことで、日本全体の供給能力は上がるかもしれないが、日本全体の総需要（名目GDP）の一部である、政府の支出が減ることに

なるからだ。

そのため、名目ＧＤＰはダイレクトに減る可能性もある。日本経済が供給過剰の状態を脱してこそ、構造改革は不況を促進せず、国民のためになるのである。

２　公共事業などを減らす

（必ずしも経済成長につながるわけではない）無駄な公共事業を減らせば、経済全体の効率を高めることにもなりうるので、デフレに苦しんでいない状況では歓迎すべきことである。しかし、１と同様、日本全体の総需要（名目ＧＤＰ）の一部である「政府の支出」を減らすので、供給過剰の状態では名目ＧＤＰを減らす恐れがある。

３　消費税増税など、増税を実施する

増税とは、政府が民間（企業と一般家庭）の利益を強制的に吸い上げることである。したがって「消費増税を実施する」と、「企業の利益」と「一般家庭の利益」を減らすことになり、名目ＧＤＰを減らす可能性がある。

これらの理由から、今後我々は、財政赤字問題の解決法を改めなければならないのだ。

ちなみに消費税は、企業側が受け取る価格と消費者の支払う価格との間に、消費税分だけ差

をつけるものである（その差分を政府が得る政策である）。

これが、市場経済の自然な資源配分の効果を妨げる。たとえば、105円ならジュースを買っていいと思っていた人が、税が加算されている108円ならジュースを買うのを我慢する、といったことが起こりうる。結果、売れるジュースの数が減ってしまうので、企業側はジュースの生産数を減らすこともあり、その分、企業の売り上げは減ってしまう。

市場メカニズムは消費税がない場合に最も有効に機能するが、消費税が課せられることで、本来市場で自由に決められていた価格に歪《ゆが》みが生じ、その機能は阻害されることになる。

この効果は、政府が市場経済に介入して税金を集めようとすれば必ず起こることで、デフレに陥っていない状態でも発生する。さらに、この効果は、消費税だけではなく、すべての税金が上がる時に生じるものである。経済学では、この効果を、税によるデッド・ウエイト・ロス（縁起でもなく「税の死重負担」）と呼ばれている。

つまり、これらの財政再建策は、「名目ＧＤＰ」を需要面から減らし、税収全体を減らす可能性があるだけでなく、日本の生産量を減らしてしまうことでもあるのだ。

増税は必ずしも税収アップにつながらない

では「名目ＧＤＰが減る」という動きの裏で、どうして税収が減ることになるのか？

すでに述べたように、日本の税収は主として「法人税」「所得税」「消費税」の3者から成り立っている。名目GDPが減ると（景気が悪化すると）、所得税も法人税も消費税も減る可能性は高い。

では、消費税の税率を上げた場合はどうかといえば、106ページの図15の通りである。繰り返しになるが、1997年の消費増税以降、消費税収以外（景気悪化のあおりを受けた所得税と法人税）の税収が減ってしまったため、日本全体の税収は減ってしまった。

なぜ「増税」をしたのに、税収全体が減ってしまったのだろうか。それは、「消費増税」が、「増税」という名であるにもかかわらず、実際のところ「消費税の〝税率アップ〟」にすぎないものだからだ。

つまり財務省が言う「増税」とは、前述の数式の「税率」を上げるだけであり、名目GDPや課税の対象となる個人の所得や企業の利益を減らす方向に働くので、必ずしも「税収の増加」につながるわけではないのだ。「1997年の3％から5％への消費増税によって日本の税収は増えた」わけではないことは、しっかり覚えておいてほしい。

消費増税は正しい政策か

その観点から考えると、2014年4月に実施された5％から8％への消費増税は、財政再

図16　過去の日本経済の落ち込み時期と全産業活動指数の関係

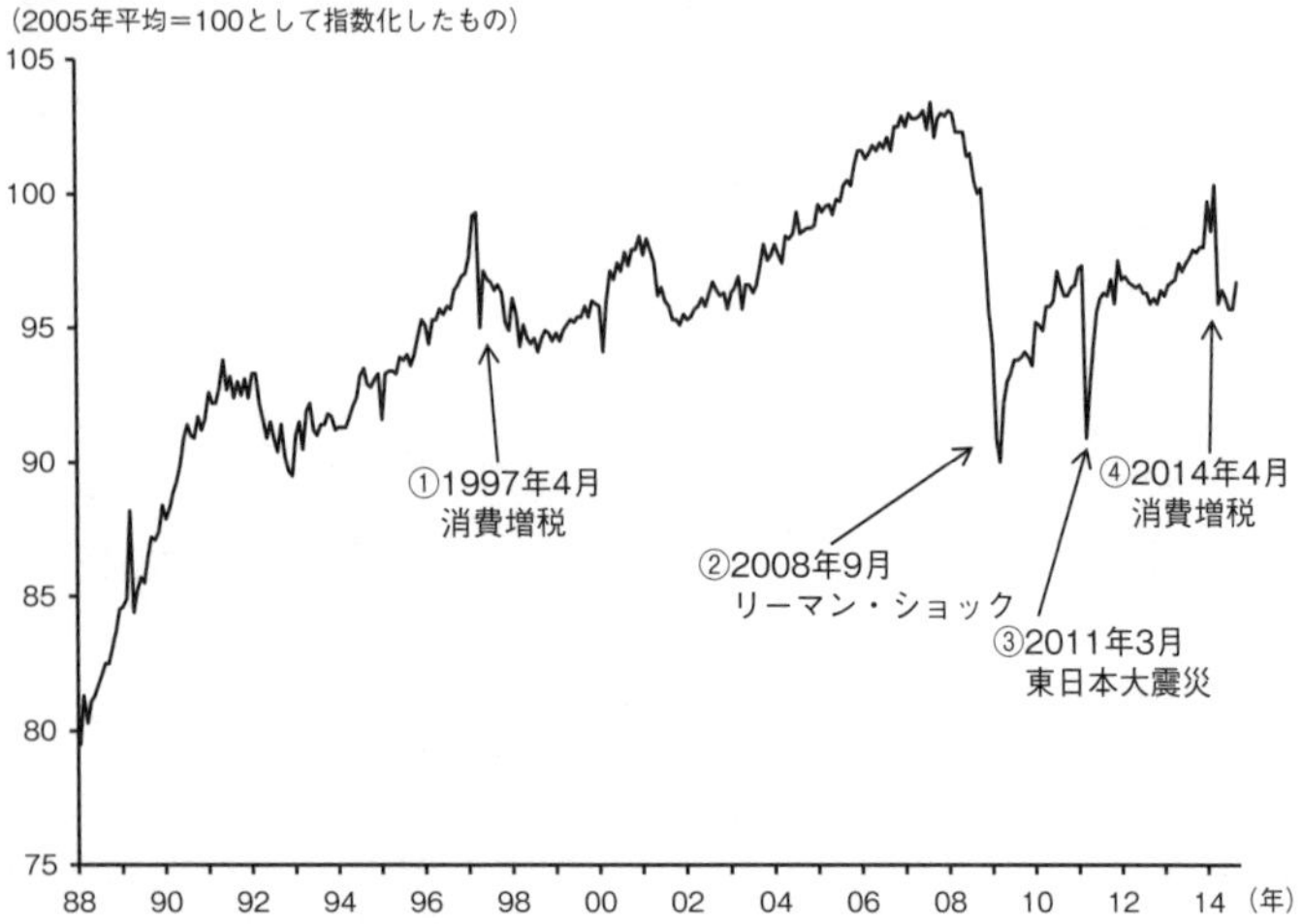

出所：経済産業省データより作成

建のための政策として正しいものだったのだろうか。その是非を問うためには、「その政策が、日本の経済成長率にどう影響したか」を調べればいい。

図16は、近年の日本経済に大きな影響を与えた、①1997年の3％から5％への消費増税、②リーマン・ショック、③東日本大震災、④2014年の5％から8％への消費増税、という4つの出来事の直後に、日本の全産業活動指数がどう動いたかを示したものである。

全産業活動指数とは、製造業からサービス業、建設業、公務員に至るまで日本国内の全産業の経済活動の動きを集計したもの（現在の全産業活動指数は2005年の年間平均を基準〈100ポイント〉として指数化されている）で、日本の景気の上げ下げを示す数字の一つである。

２０１４年４月の消費増税を含め、先ほど述べた①から④までの大きな「ショック」で全産業活動指数は急激に落ち込んだ。

問題は、図からもわかる通り、消費税が５％から８％に上がった２０１４年４月に全産業活動指数が大きく落ち込んだあと、ほとんど回復していないことである。

これは、５％から８％への消費増税によるマイナスの影響が、リーマン・ショックほどではなかったものの、１９９７年時の３％から５％への消費増税や、東日本大震災の時を超えている可能性を示唆している。

２０１４年４月の３％引き上げを決定する際、私としては、引き上げ前の駆け込み需要はいいが、そのあとの消費の落ち込みが気がかりだった。また、過去15年以上のデフレ不況からやっとのことで立ち直ろうとしている日本経済の状況を考えると、消費税引き上げに賛成することはできなかった。世界の経済学者の多くも私の意見と同じで、たとえばハーバード大学のジェフリー・フランケル教授は、消費税の漸進的な引き上げを提唱していた。

また、２０１４年４月の消費増税による悪影響の結果が見えてきた段階で行われた、２０１５年10月に予定されている８％から10％への消費増税をどうするかの話の時には、「２０１４年11月現在の諸指標から見ると、第１回の消費税でふらついた日本経済にもう一度ショックを与えると、アベノミクス自体が完全に失速してしまう恐れが大きい。２度目の消費税引き上げは延期したほうがよい」と意見を述べた。

そして2014年11月18日、安倍首相は消費税率10％への引き上げを1年半延期し、2017年4月に変更することを発表した。本田悦朗内閣官房参与も私も、ほっと胸をなでおろしたのは言うまでもない。

ところが、日本の政策当事者やメディア、学者などの大多数は、これと反対の意見だったのである。

勝手に変えられた新聞記事のタイトル

消費税の検討会議で、財務省が財政危機の危険性について繰り返し話していた。この時私は、日本の識者は財務省の情報作戦にのせられて、「認識捕囚（cognitive capture）」されてしまっていると悟った。元アメリカ経済学会会長のジョージ・スティグラーは、たとえば原子力保安委員会が原子力発電会社の監督規制にあたらねばならないのに、両者の力関係で規制されるべき者を規制される者が支配してしまうことを、「ミイラ取りがミイラになる」という意味で「規制捕囚」と名づけた。これと同じことである。

認識捕囚とは、イェール大学の元同僚で、現在シティ銀行のチーフ・エコノミストであるウィレム・バウター教授が言っている概念である。本来、財務省の政策を批判的な視点で見なければいけないはずのメディアや識者が、情報を入手するために財務省に取材に行くことで、逆に財政再建至上主義者にとって都合のよい情報のみに従って記事を書いてしまう、というものである。

実際に日本の有力新聞は、増税キャンペーンを１００％サポートする旨をずっと書いていた。

新聞社には、識者のインタビュー記事のタイトルを、「編集権がある」などと言って、許可なく変更する工程があるようだ。ある通信社は、２０１４年4月の消費増税直前に私のところにインタビューに来て、記事のタイトルを「消費増税、容認姿勢へ＝浜田内閣官房参与」として配信したことがある（実際、インタビューで私は、消費増税を容認するような回答をしていない）。

この記事を見た友人から、「財務省では、本丸に近いところ（内閣官房参与）が落ちたと祝杯を上げているんじゃないか」とからかわれたが、私はその通信社に抗議して、タイトルを直してもらった（「消費増税、慎重な対応を＝浜田内閣官房参与」で再掲された）。これは日本のメディアが、財務省の増税キャンペーンの片棒を積極的に担いでいることの好例であり、氷山の一角にすぎない。

あの手この手で国民を誘導する財政再建至上主義者

政府の負債だけを過大視する財政再建至上主義者が、これまで財政再建の理由として絶えず挙げていたのは、「累積赤字がGDPの200%を超えているため、日本の財政は増税しないと破たんする」というものである。

しかし、日本は対外純資産が320兆円余りある国である。ちなみに対外純資産とは、日本が海外に保有する債権（対外資産）から、海外に対する債務（対外負債）を差し引いたものである。

日本政府は貧乏でも、民間と政府をあわせた日本国全体は、世界一といっていいくらいに裕福なのである。

また、旧大蔵省の審議官を務め、ハーバード大学の経済学博士でもある宮本一三氏は、「財務省の使う債務は粗（グロス）の債務の数字であり、債権額を差し引いた純（ネット）政府債務はそれよりはるかに少なく、IMF発表の数字でも、日本の純債務のGDP比は130%程度にすぎず、アメリカのそれと大きくは変わらない」と指摘している。

財政赤字問題を語るうえで、もう一つ見逃すことができない問題は「税収弾性値」である。「税収弾性値」とは前述の通り、名目GDP成長率が1%上昇した場合、税収は何%増加するかを示したものである。その「税収弾性値」について、「産経新聞」論説委員の田村秀男氏は、2014年8月3日の記事で、次のようなことを指摘している。

内閣府は、2011年10月に出した「経済成長と財政健全化に関する研究報告書」において、2013年〜2021年の日本の税収弾性値を4・04と算出し、名目GDP成長率が1%伸びた時、税収は4倍以上の速度で増えるという試算を出していた（岩田一政日本経済研究センター理事長が座長となってとりまとめたもの）。

にもかかわらず、内閣府が国民に向けて大々的に行った発表（「中長期の経済財政に関する試算」）では、「日本の税収弾性値は1と1・1の間」と書き換えられており、名目GDP成長率が1%伸びても、日本の税収は1%程度しか増えない、とされていた（田村氏の試算では、「最近のプラス経済成長時の弾性値実績は3〜5の範囲にある」とされている）。

内閣府は、「景気が回復すれば税収も増えること」を知っていたにもかかわらず、「日本では、景気が回復しても、たいして税収は増えない」と発表したというのである。

田村氏は同記事のなかで、それは政府が消費税を10%に引き上げるために、「増税は不可避である」ことを国民に説得する目的で発表したものであると推察している。

なぜ増税したがるのか

なぜこれほど消費税を上げたいのか。

嘉悦大学教授の高橋洋一氏は、長らく財務省に勤めたあとに、評論や政策提言の世界で活躍する貴重な存在である。彼によると、財務省では増税によって国民生活がどうなるかという話や、実際に税収が増えるかどうかという話には注意が払われておらず、税率を上げることに成功した役人が高く評価され、論功行賞などで報われる体制になっているということだ。

当時は半信半疑で聞いていたが、今なら私にもわかるような気がする。

おそらく財務省の人たちは、税率さえ上げれば、当然税収は増えるのだと考えているのだと思う（さすがに最近は認識を改め始めている役人もいるかもしれないが）。

また、税務官僚の世界では、どの税を誰が上げ下げするかの担当も縦割りになっている。各役人が担当している税の税率を上げれば、そこからの税収は確かに一時的に増える場合もあるため、役人は「税率を上げたから税収が上がった！」と真面目に思うのだろう。

しかし悲しいかな、彼らは、その増税によって景気が悪化し、税収が減ってしまう可能性があることには目をつぶる。それは縦割りであるがゆえか、あるいは全体の動きを見る経済センスを持ち合わせた役人が不足しているからであろう。

財務省は増税が国民のための正しい政策だと信じ込み、新聞は「軽減税率」を適用してもらって自分の営業に役立てようと、財務省の考えに無批判に追従する。そこで国民は洗脳されてしまうというのが現状である。

世界の投資家は日本の財政赤字を気にしていない

ここまで言っても、「増税しなければ日本は破産する」といった話がいまだに流布され続けているため、「景気が悪化しようが、増税は避けられない」と考える人も多いだろう。

しかし、安倍首相が、消費税を5％から8％に上げると明言した2013年10月1日、財務省や財政再建至上主義者たちの主張が誤りであったことは市場が証明している。

財務省や財政再建至上主義者たちの脅しは、「日本が消費税増税を先延ばしにすれば、アベノミクスにも信憑性《しんぴょうせい》がなくなり、国債市場だけでなく日本の株式市場も暴落する」というものであった。私も内閣府や官邸でしばしば聞かされてきた。

しかし、そうであれば、安倍首相が、予定通り消費税を5％から8％に上げることを明言した2013年10月1日の日本の株価は、大きく上昇（少なくとも横ばいであったと）してもおかしくなかったはずである。

ところが、安倍首相が消費税引き上げを明言した夜（アメリカの昼）のシカゴ市場の日経先物は、上昇するどころか、大幅に下落したのである。その日は、アメリカ赤字関連のニュースなどで各国の株式も下落していたが、S＆Pの株価指数が1％ほどの下落であったのに対し、日経先物はその3倍にも匹敵するほど急落していたのだ。

また、安倍首相が消費税率の8％から10％への再引き上げの延期を表明したのは、2014

年11月18日だったが、その日は事前にメディア数社が、消費税率引き上げ先送り表明をリークしていた。増税派の学者やメディアは、消費税率引き上げを先送りした場合には、国債の暴落はおろか、株価も暴落するだろうと〝予言〟していた。

しかし、11月18日の日経平均は活況で、前日終値の1万6973円80銭から215円高い1万7188円84銭で寄り付き、結局、前日比370円高の1万7344円6銭で引けた。

これは世界の投資家が、財務省が言うほどに、日本の財政赤字の問題を過大なリスクだととらえていなかっただけでなく、消費税引き上げを回避したことで、日本経済が深刻な景気後退に陥るのを事前に食い止めたとして、逆に評価したことを意味している。

つまり、「消費増税をしなければ、日本の国債市場と株価が暴落し、国家が破たんする」といったような主張が誤りであったことは明らかである。

また財政再建至上主義者たちは、長年、財政再建を先送りにすれば、日本の国債の信認がなくなり、長期金利が暴騰すると言い続けてきた。

しかし、安倍首相が増税の延期を決めて以降、そんな問題は少しも生じていない。

財政再建至上主義者の弊害

結局、財政再建のために最も効率のいい政策は、日本の景気を回復させ、名目GDP成長率を伸ばし、税収を増やす政策である。

デフレから完全に脱却する前に、消費税の増税に踏み切らせた経済学者・エコノミスト・有識者・メディア、そして政策当局者の責任は重い。彼らこそが、財政赤字を増やす結果を招いたといっても過言ではないからだ。

財政再建至上主義者は「将来世代にツケを残してはいけない」という話を金科玉条のように持ち出すが、景気を沈滞させて税収を減らした彼らこそ、本当の意味で「将来世代にツケを残す」張本人なのである。

財政再建への近道は、日本経済を回復させることである。次に、たとえば富める人も、そうでない人も、一様に利益を受けるような社会保障制度を改めて、スリム化することである。それでも間に合わない時に最後に俎上《そじょう》にのせるのが、増税の選択に他ならない。

第5章

なぜこれほど金融緩和が効くのか

金融緩和により円安が生じたのは明らか

ここからは、「アベノミクスによって、なぜ実際に円安とインフレが生じ、景気が回復しているのか」を見ていこう。

アベノミクスにより様相が大きく変わったのは、為替レートである。野田佳彦首相（当時）による衆議院の解散で政権交代がほぼ確実となり、2012年11月頃から、ドル／円レートがいっきに円安転換したことは記憶に新しい（これに伴って株価も急騰した）。民主党政権末期には1ドル＝80円割れで、日本の製造業が存亡の危機に立たされる状況だった。

興味深いのは、アベノミクスに批判的な識者も、円安による景気回復効果は認めていることである。だが、彼らはアベノミクスによる金融政策は、円安にまったく寄与していないと主張している。

たとえば、慶應義塾大学の池尾氏は、2013年4月の東洋経済オンラインの「金融政策だけで『デフレ脱却』はできない」というインタビューのなかで、次のように答えている。

安倍政権の発足はタイミングがよかった。円高から円安に修正される動きは（安倍政権発足前の）昨年11月ごろから起きていた。欧州の信用不安が小康状態になったことに加え、米国の景気がかなり手堅いとの認識が広がり、投資家の態度が、いわゆる「リスクオフ」（リスク回避的な姿勢）から「リスクオン」（リスク志向的な姿勢）に変わったからだ。

池尾氏は、ユーロ危機が峠を越した2011年9月に円高が一段落し、円安の動きが起きたことから「黒田日銀にならなくても、自然と為替レートは円安になっていた。よって、安倍首相や日銀新執行部はラッキーであった」と言っている。わかりやすくまとめると、次のような主張になる。

1 （2011年11月以前の）ユーロ危機の真っただなかにあった時、世界中の投資家はユーロ圏への投資を控え、ユーロ圏以外に、その投資資金を移していた。

2 そのためユーロ危機の最中は、日本も含めたユーロ圏〝以外の〟国に投資が集中し、各国で自国通貨高現象が起きていた（たとえば海外から日本への投資が増えるということは、海外の投資家が円を買っていることに等しいため、円高に動く）。

3 （2011年11月以降）ユーロ危機が一服したため、投資家はユーロ圏〝以外〟の国への投資から手を引き、ユーロ圏への投資を再開させた（ユーロ圏への投資に「リスクオン」したといわれる）。

4 その結果、自国通貨高が生じていた国々から投資が逃げていったため、自国通貨安になった。だから日本でも円安になった。

この主張は、金融政策の効果を矮小化《わいしょう》するだけでなく、現代マクロ経済学の原理に反している。この説が正しいとするためには、次の条件に合う国を探し出す必要がある。

1　2011年11月以前のユーロ危機の最中に、ユーロ圏への投資資金が自国に戻り、自国通貨高が生じていた（ように見える）国。

2　1の条件を満たしたうえで、ユーロ危機が一服した2011年11月以降、自国通貨安が生じた国。

まず、ユーロ危機が一服する〝以前〟の2011年11月以前で、日本と同じく通貨高が生じていた国としては、スイスが挙げられる。それがわかるのが図17である。

スイスはユーロに参加しておらず、2011年11月以前までに通貨高傾向にあった。もしも池尾氏が言うように、ユーロ危機の最中に投資家がユーロ圏以外の国に投資をしていたことが正しいならば、日本と同じくスイスも投資の逃避先として、お誂《あつら》え向きであっただろう。

図17には、日本の円高が一段落した2011年9月以降の円、スイスフラン、ユーロ、ポンドの対ドルレートの動向が示されている。スイスフラン高は2010年に始まり、2011年8月に終息している。一方、日本の円高のピークは2011年9月である。

図17　円、スイスフラン、ユーロ、ポンドの対ドルレートの推移

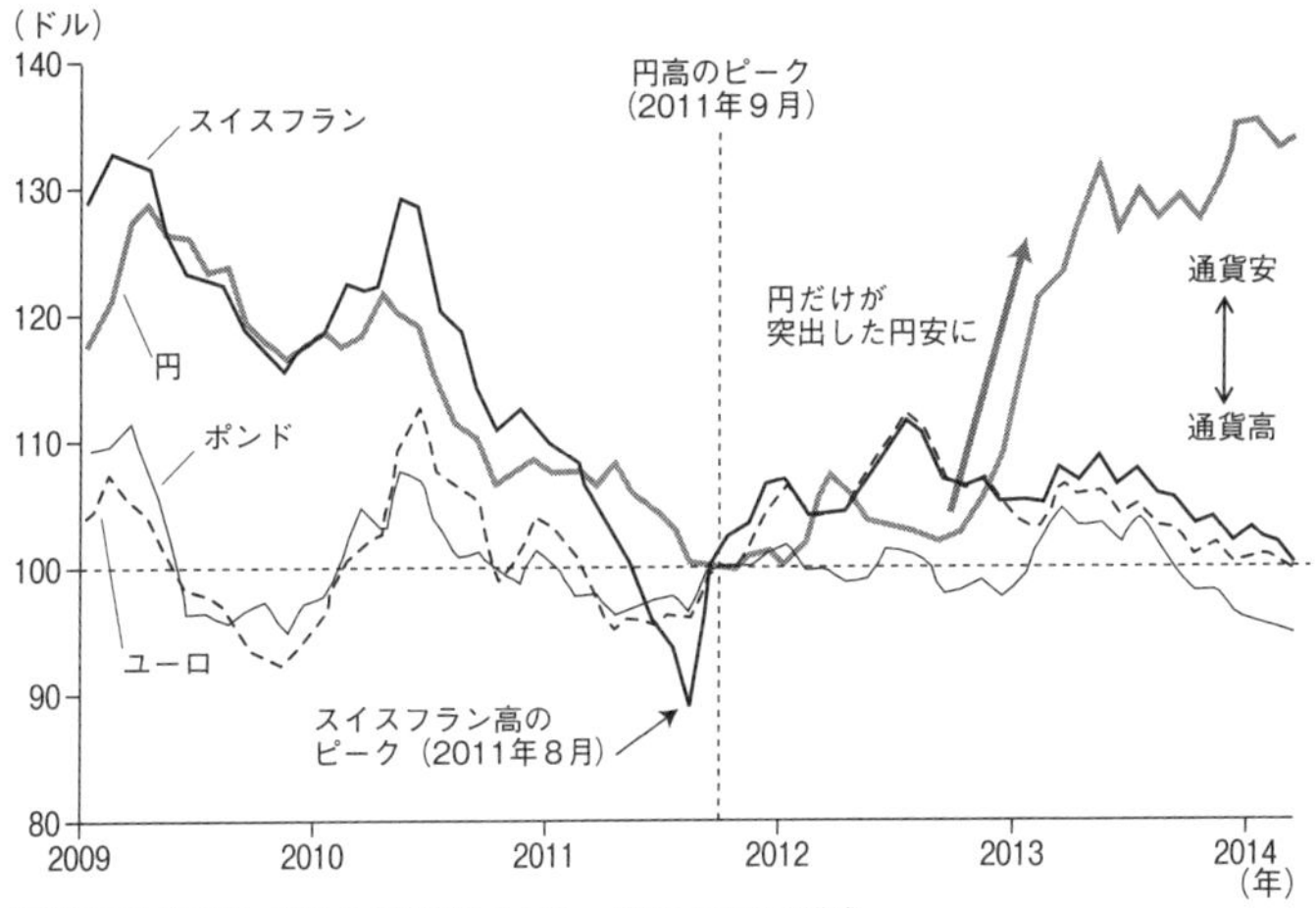

※縦軸は2011年９月＝100として指数化したもの　　出所：FREDより作成

これを見れば、スイスフラン高局面が終わり、スイスフラン安方向に向かい出した時期と、日本の円高局面が終わり、円安に向かい出した時期は、確かに近い。そのため、「スイスフランと円が自国通貨安方向に向かい出したのは、この時期にユーロ危機が一息つき、それによりユーロ圏以外に向かっていた世界の資金がユーロ圏へと戻っていったからだ」と、（後づけで）言えなくもない。

しかし、その約1年後の2012年11月、日本は突如として、それまで以上の大幅な円安局面に転じている。一方、同時期のスイスに大幅なスイスフラン安局面は訪れていない。

仮に池尾氏の主張が正しいならば、この時は、日本やスイスへの投資資金がいっきにユーロ圏へと集中したはずである。そして当然、日本だけでなく、スイスへの投資資金も、ユーロ

圏に向かっていたはずだ（つまり、より一層のスイスフラン安がもたらされていたはずである）。

しかし、大幅な自国通貨安方向に為替が動いたのは日本のみであり、スイスでは大幅なスイスフラン安など生じなかった。

この事実からわかることは、２０１２年11月以降の大幅な円安の原因は、「ユーロ圏に投資資金が戻ったから（ユーロ圏への投資がリスクオンになったから）」〝ではない〟ということになる。

結局、なぜ大幅な円安が起きたかといえば、11月に衆議院が解散し、リフレ政策に積極的なスタンスを表明していた安倍氏が総裁選で勝利した２０１２年９月26日の段階で、アベノミクス（金融政策）を発動することがほぼ確定していたからである。「デフレ予想からインフレ予想への転換」は、この時点から始まっていたのだ。

銀行貸し出しが増えずとも、景気はよくなる

安倍政権で採用された「金融緩和によって、デフレの状況から緩やかなインフレの状態に戻して、景気を回復させる政策」は、「リフレーション（リフレ）政策」と呼ばれている。

そして「金融緩和無効論者」「リフレ否定論者」の最後の砦《とりで》となる反論が、「量的緩和政策が

経済全体に景気回復をもたらす、その波及経路（トランスミッション・メカニズム）の説明を、どのリフレ派もできない」というものである。

たとえば池尾氏は、2012年7月2日の「アゴラ」というブログに、数少ない民主党のリフレ派の政治家である馬淵澄夫衆議院議員のブログ記事に反論を寄せて、次のように書いている。

> インフレ目標の設定や量的緩和などによるマネタリーベース拡大を行うとどうしてインフレになるのかについては、是非、そのトランスミッション・メカニズムを（馬淵氏以外の方でも結構なので）教示してもらいたい。（略）ゼロ金利下の世界は、いわばアリスの迷い込んだ『不思議の国』である。したがって、金利が正の世界では常識であることについても、ゼロ金利下でも同様に成り立つというためには、その理由を説明する必要がある。

つまり、「金融政策の波及経路を示せないリフレ派の論理には陥穽《かんせい》（落とし穴）がある」と述べている。

また、2013年4月7日の「日本経済新聞」に掲載された「経済教室」では次のようにも述べている。

リフレ論争は「特効薬だ」と告げて偽薬を与える治療を認めるべきかどうかという問題に似ている。効果を信じれば、ただの小麦粉でも効くケースはある。一方で「気合を入れれば効く」と言っているにすぎない。

彼が、「トランスミッション・メカニズム（波及経路）がない」「偽薬だ」と書いていた理由は、彼自身が日本の学者やエコノミストがしがちな「金融緩和は、銀行貸し出しの増加を通じて景気を回復させるもの」という理解をしているからだろう（そのことは「アゴラ」に掲載された彼自身の『「量的緩和」という物語』という記事から確認できる）。

これはつまり、「ゼロ金利では、それ以上金利を下げられないので、銀行の貸し出しは増やせない」「だから銀行の貸し出しを増やす以外に、インフレを生じさせる経路を説明できないリフレ派の議論には穴がある」というのである。

この論を否定するには、「銀行貸し出しが増えずともマネーサプライを増やすことはでき、その結果として緩やかなインフレを起こし、景気を回復させることもできる」ことを示せればよいのだろう。

実際に今現在、アベノミクスの金融緩和政策の発動後、銀行貸し出しはあまり増えていないのにマネーサプライが増え、物価も上昇し始め、景気も回復してきている。

では、なぜ銀行貸し出しが増えずともマネーサプライが増え、インフレ傾向が生じ、景気は回復傾向にあるのか。それはすでに説明した通り、企業の経営者がデフレ期に自社に溜め込んでいたフリーキャッシュフローを投資に回し始めたことで、日本全体のマネーサプライが増えているからである。

予想インフレ率が上がると、なぜ景気がよくなるのか

ここからは「アベノミクスがどんな波及経路で物価と景気に効いているのか」についてお話ししていこう。

端的に言うと、企業が長年溜め込んできたフリーキャッシュフローを取り崩してでも設備投資を増やしている現象は、金融緩和によって企業経営者の予想インフレ率が上昇しているために起きている。

つまり、人々の予想が、デフレが続くという「デフレ予想」から、これからインフレが起こるという「インフレ予想」に変わったからこそ生じたものなのだ。

人々の予想インフレ率を、具体的なデータから測るには2つのやり方がある。

一つは、企業や家計に将来の物価動向についてのアンケート調査を行い、その結果から予想インフレ率を推定する方法である。

たとえば、日銀の短観調査では、調査対象の企業に「今後3カ月間に自社の製品やサービス

図18　法人企業の予想インフレ率の推移

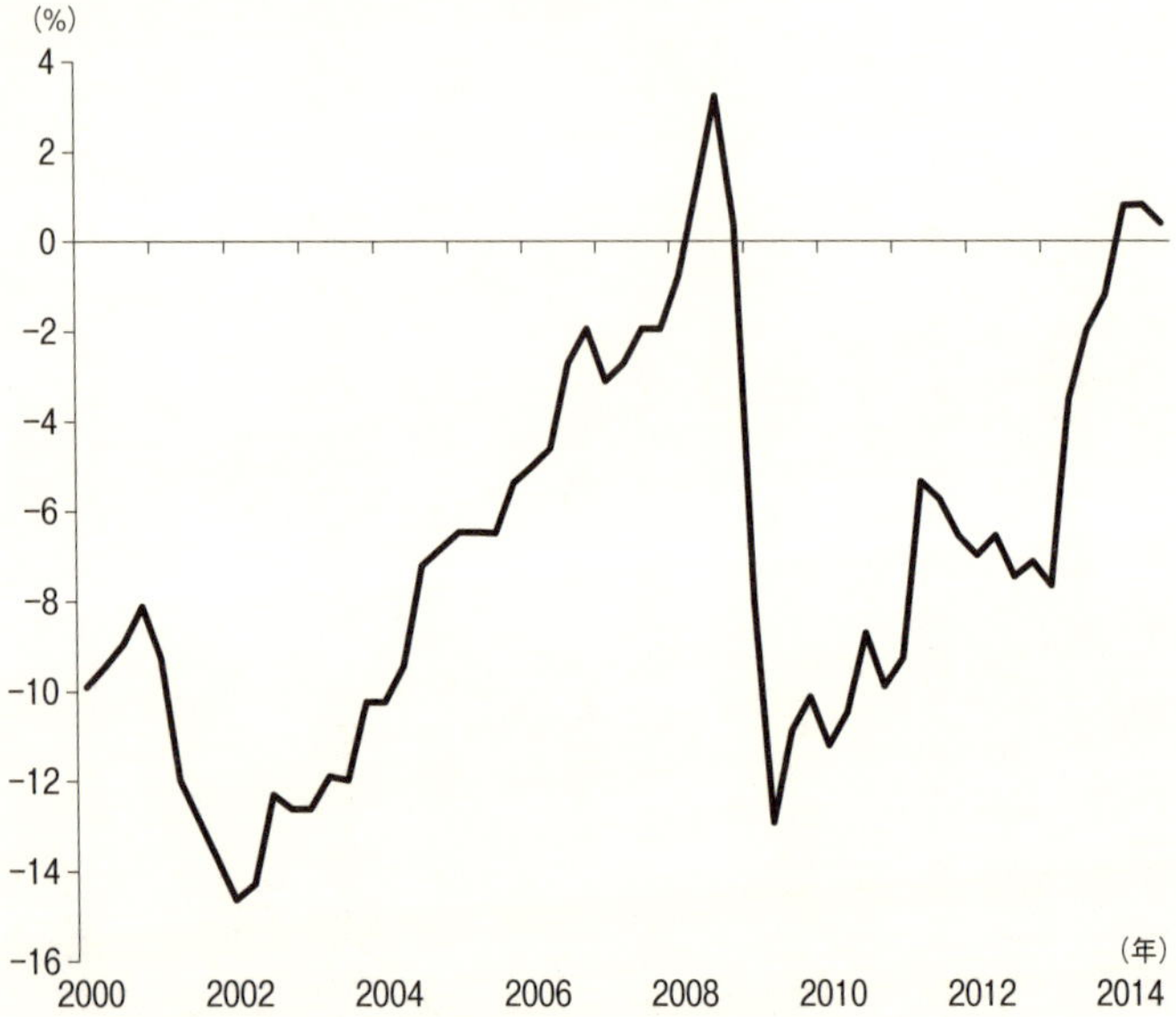

注：「法人企業の予想インフレ率」は日銀短観の「販売価格判断DI」をもとに推計したもの
出所：日本銀行データより作成

の販売価格を上げる予定ですか」という質問をし、「上げる」「変えない」「下げる」の3択で回答してもらうというアンケート項目（販売価格判断）がある。それにもとづいて、統計学的に適正だと思われる予想インフレ率を算出する方法（開発者の名をとって、「カールソン・パーキン法」と呼ばれている）が存在する（図18）。

これが伝統的なやり方であるが、インフレ率が上がる、下がるの基準があいまいであり、かつ回答者（企業や家計）によって「インフレ率」自体の定義や、価格の上下の感覚は様々である。そのため、それらの回答をまとめて一つの客観的な数値にするのは難しく、必ずしも国民全体の正確な予想インフレ率にならない可能性もある。

もう一つの、市場に聞くというような近代的なやり方は、債券市場で日々取引されている価格（金利）データから、予想インフレ率を算出する方法である。これは「ブレーク・イーブン・インフレ率（ＢＥＩ）」といわれるものである。

一般的な算出方法は極めて簡単で、普通国債の利回りと、物価連動国債（インフレ連動債）の利回りとの差を、予想インフレ率とみなす方法である。

物価連動国債とは、簡単に言えば、物価の変動に応じてクーポン（利子）が変動する債券のことである。普通国債では、半年に1回支払われるクーポン（利子）の金額は償還まで一定であり、インフレになればなるほど実質的な利払い額は、インフレの進行分だけ目減りする。物価連動国債は、インフレになればなるほど利払い額が増えていくため、インフレになっても実質的な利払い額は変わらない。

したがって、将来インフレ率が上がると予想する投資家は、物価連動国債を購入すれば、インフレによる利払いの目減りを避けることができる。そして今後、インフレ率が高まると予想する人が増えれば、物価連動国債を買いたいと考える投資家が増えるので、物価連動国債の価格は上昇し、利回りは低下する。

そのため、普通国債と物価連動国債の利回りの差は、自分の資産をかけて投資している人たちが、将来のインフレ率をどのように予想しているかを示す指標となる。これが、「ブレー

図19　ブレーク・イーブン・インフレ率（BEI）の推移

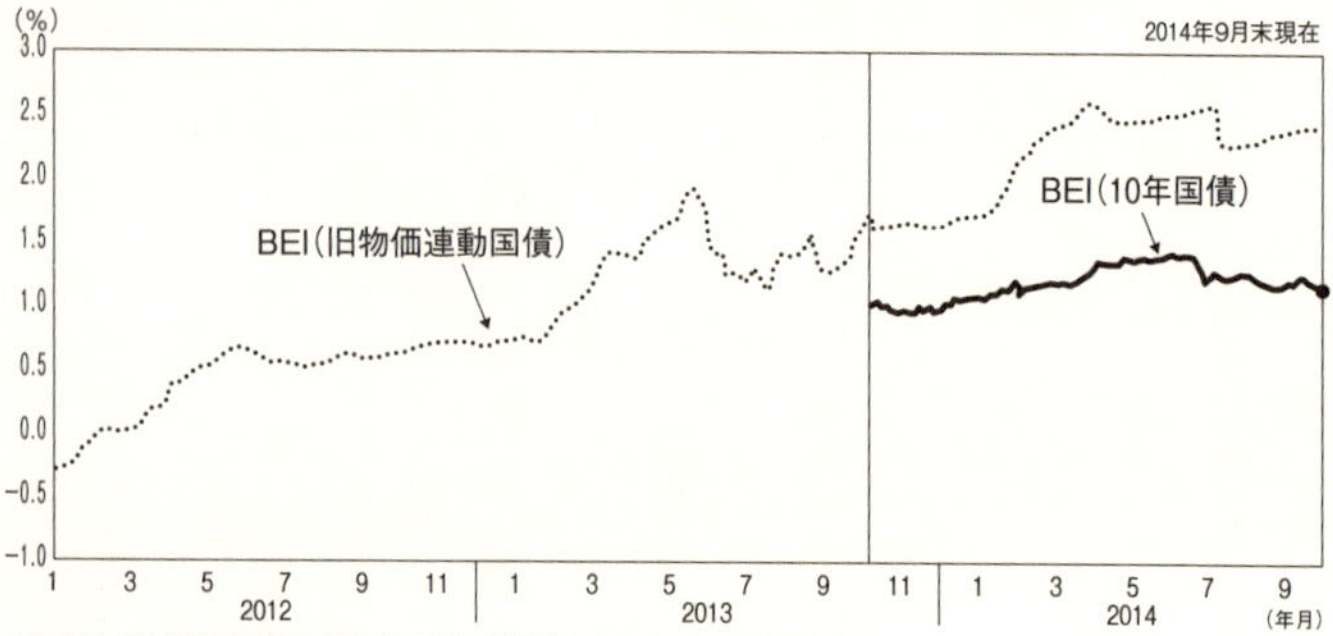

※10年物の物価連動国債は2013年10月に再開されたため、それ以前は非表示
出所：財務省ホームページより引用

ク・イーブン・インフレ率」である。

「ブレーク・イーブン・インフレ率」は物価連動国債が発行されているアメリカやイギリスなどで、中央銀行が将来のインフレ予想を計測するために参考にされている。黒田総裁が就任して以降の日銀も、欧米の中央銀行に倣い、「ブレーク・イーブン・インフレ率」を予想インフレ率を示す重要な指標の一つとして注視するようになっている。

ただし、「ブレーク・イーブン・インフレ率」にも問題点があるとの批判はある。特に日本では物価連動国債の発行額自体が少ないことから、取引量が少なく、日々市場でついている金利が本当に将来のインフレ予想にもとづいたものかどうかが不明瞭であり、また取引量が少ないため、日々のマーケットでの取引に伴うリスクプレミアムが高い可能性もある。

しかし、自分の儲けをかけて投資している人の真剣なインフレの予想を示しているため、信頼できる重要な指標であることは間違いない。調査部の人が「アンケートが来たので答えておこう」と書き込む数字と、誤って予想すると自分が損する場合の数字と、どちらが信頼できるであろうか。

そして図19がブレーク・イーブン・インフレ率で見た場合の予想インフレ率の推移である。異なるアプローチで算出される2種類のインフレ予想だが、どちらの場合でも、安倍首相のデフレ脱却宣言のあとで、一般のデフレ予想がインフレ予想に変わっている。

「予想インフレ率が上昇する」ことは、「企業が販売している商品やサービスの〝単価〟が将来上がる」傾向にあるということで、その企業の1商品当たりの利益は増えることになる。だから企業は、その際生じる利益を得るために、今から設備投資を増やすことになる。

このような「予想インフレ率が上昇した時に、企業が設備投資を増やす理由」を、経済学では「実質金利が下がるため」と表現する。

実質金利は「名目金利 － 予想インフレ率」で計算され、実質金利は予想インフレ率が上がれば低下するので、予想インフレ率の上昇は、企業の設備投資、そして総需要を増加させる。

だから予想インフレ率の上昇は、デフレ時代には需要が足りていなかった（供給過剰であった）日本の需給ギャップをマイナスからゼロに近づけ、ＧＤＰの回復（景気の回復）にプラスに働くのである。

トップの発言だけで日本の株価は上がる

予想インフレ率の上昇（実質金利の低下）は株価も上昇させたが、その理由は「予想インフレ率が上昇したことで、企業が設備投資を拡大させている理由」と同じである。

予想インフレ率が上昇し、実際にインフレ率が上がった場合、企業の商品やサービスの単価は将来（平均的に）上がることになる。通常、それは企業にとっての増収を意味するが、投資家は増収が予想される企業の株を評価して買う傾向が強い。予想インフレ率の上昇によってデフレ脱却が期待できる状況では、多くの企業の業績が改善することが見込まれるため株価が上がる、という流れである。

本当に予想インフレ率が上がった〝だけ〟で株価が上がったのかを確かめるには、株価の上昇がいつから始まったのかを見ればわかる。

日本の株価の上昇が始まったのは、２０１２年11月であった。これは衆議院が解散した時である。ここで注目すべきは、株価が上昇し始めた時点で、まだ安倍自民党総裁は総理大臣でさえなかったので、金融緩和を発動していない時期だったという点だ。

２０１３年４月の日銀による物理的な金融緩和政策である質的・量的緩和の発動〝以前〟の２０１２年11月からすでに、株価が上昇、為替は大幅な円安方向に転じている。これは、安倍自民党総裁の発言により、投資家の先行きの予想に抜本的な変化があったからだ。

投資家のなかの予想インフレ率がいっきに上昇したから、上がるべくして、日本の株価は上がったのである。

なぜ株価が上がると総需要が増えるのか

この株価の上昇自体も、一国の総需要を増やし、景気回復をもたらす効果がある。

株価が上昇する局面で起きていることは、株式取引の活発化である。すなわち、今まで投資に回っていなかった投資家の資金が、株式投資に投入されるということだ。

デフレ時代に金融政策を否定していた人々は、マネタリーベースやマネーサプライを増やしても、お金が銀行にじゃぶじゃぶ滞留するだけで、需要（消費や投資）は増えないと言う。これは経済学的には、ケインズの「流動性の罠」にはまっていたからだといえる。

予想インフレ率が低く、今後もデフレと低成長が続くと予想されている限り、いくら日銀が場当たり的な金融緩和を行っても、じゃぶじゃぶと揶揄された資金は、商品やサービスの消費や証券投資に回されることはない。

しかし、現在は緩やかなインフレの予想が生まれている。そうすると、貯蓄による金利収入だけで稼ごうとしていた人が、将来のインフレで貯蓄による利益が雀《すずめ》の涙程度、もしくはマイナスになってしまうことを恐れ、株式投資などに資金を振り向けようとする。

そして、株への投資を増やすために投資家が資金を引き出していることは、社会全体に循環しているマネーの総量（マネーサプライ）が一定でも、その取引を媒介する速さ（貨幣の流通速度）が増加するために、需要創出の力が増していることに他ならない。

貨幣の流通速度とは、「同じ貨幣（お金）が、ある一定期間に使われる回数（速さ）」のことを指している。使われる回数が多いということは、そのお金が何度も何度も、人から人の手にわたり、その都度、経済取引（様々な商品・サービスの売り買い）が行われていることを意味する。経済取引の回数が多いということは、それだけ経済が活性化（消費と投資が増え、景気が回復）していることになる。

これが、株価が上昇することが総需要（消費と投資）を増加させ、景気の回復に寄与する、一つの経路である。

株高と「トービンのq効果」

さらに株価の上昇には、景気回復を助けるもう一つの効果、「トービンのq効果」と呼ばれるものがある。これはジェームズ・トービンが提唱した投資理論「トービンのq理論」に依拠しているものである。株価の上昇によって「トービンのq効果」が生じれば、企業は設備投資を増やすことになる。

「トービンのｑ」という言葉を初めて聞く人も多いかもしれないが、「トービンのｑ＝株式の時価総額÷実物資産の価値（企業の再取得価格）」の式であらわされるものだ。

「株式の時価総額」とは、「1株当たりの株式時価額×発行数」のことであり、これは、その企業の「金融的な価値」をあらわしている。いわば、その企業を買い占めるにはいくらかかるかを示す数字である。

一方の「実物資産の価値」とは、「その企業の持つ生産設備（資本ストック）のすべてを、もう一度買い替える時にかかる総額」のことで、こちらは、その企業の「物的価値」をあらわしている。いわば、「その企業と同じ箱モノをもう一度作ろうとしたら、いくらかかるか」を示す数字だ。

すなわちトービンのｑとは、その企業の「金融的な価値」を、その企業の「物的価値」で割ったもので、企業の金融的な評価が、その企業の物的な評価に対して何倍ぐらいであるかをあらわす指標である。

トービンのｑが1を超え、より大きくなればなるほど、設備投資は増加する。なぜなのかを説明しよう。

金融的価値（株式の時価総額）は、企業に投資している投資家が、その企業に〝今後〟どれだけ期待しているかを示す数字である。一方の物的価値とは、〝現在の〟その企業の価値をあらわすものだ。

仮に、その企業の株式の時価総額（金融的価値）が、現在の企業の物的価値を上回っていたら、その企業が新株を発行して投資することで、利益を上げられることを意味する。企業の生産設備の総額よりも、株式の時価総額のほうが高いということは、投資家が、「その企業は、その企業の現在の生産設備（物的価値）を利用することで、これからも利益を出せる」「だから将来有望なその会社に投資をしておこう」と考えていることになるからだ。その結果、その企業の株は買われ、時価総額が上がり、同時にトービンのqは高くなっていく。

したがって、株価と時価総額が上がり、トービンのqが1を超え、より大きくなればなるほど、その企業は将来有望だと市場から目されていることになる。これは企業の経営者にとっては、利益を上げられる絶好の機会に他ならない。それならば経営者は、さらに設備投資を行い、生産を拡大させ、利益をとりにいく攻めの経営に転じるはずである。

このように株価が上がり、トービンのqが上昇することが、日本中の多くの企業が設備投資を増加させる要因になるわけである。

ちなみにqに関しては、一橋大学教授の林文夫氏の重要な貢献がある。その特徴は、「新たな投資の市場評価額」を「その投資に必要な投資財の市場価値」で割った、限界のqを用いるところにある。林氏は、企業全体の平均のqよりも、新たな投資（限界のq）に関して議論するほうが投資理論として正しいことを示したのである。

図20　金融政策の波及経路

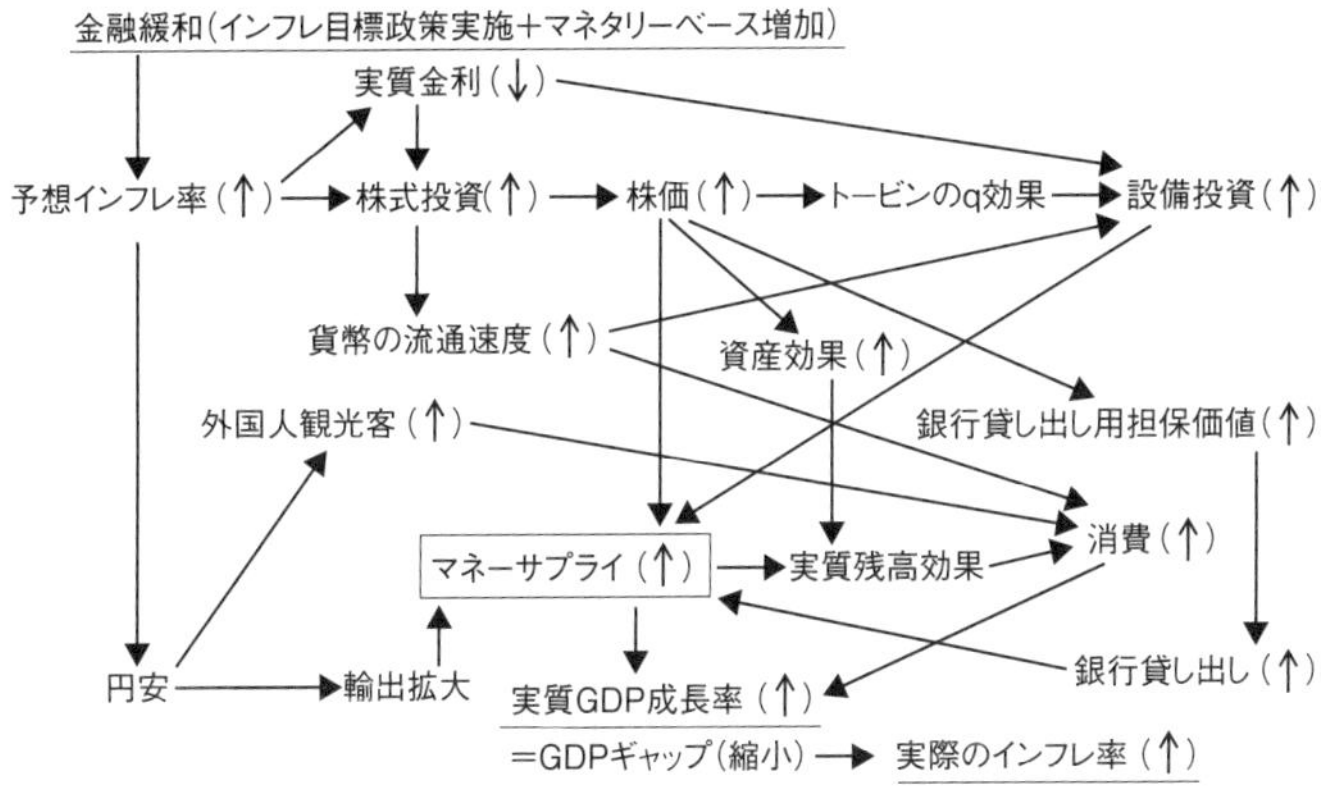

マクロ経済学の教科書では教えてくれないこと

ここまでに紹介したもの以外にも、金融政策には様々な波及経路がある。理論的にまとめてみると、図20のような形としてあらわすことができる。

インフレ目標政策の導入と、マネタリーベースの増加は、マネーサプライの増加、そして、それに伴うインフレ予想を生み出すということを前提に波及経路を説明すると、次のようになる。

1　インフレ目標政策の導入と、マネタリーベースの増加予想と実際の増加が、予想インフレ率を上昇させ、株高を生むので、株式で儲ける人が増える。そうすると人々は財布が豊かになったと感じて、支出を増加させる（資産効果）。これは「実質残高効果」、あるいは創始者の名をとって「ピグー効果」

と呼ばれており、貨幣数量説を信奉する、いわゆるマネタリストの貨幣の波及効果の基本となっている。

2　日本のマネタリーベースの増加は、国際金融市場で円安を生み出す。この円安が日本の輸出企業の業績を回復させ、2013年度の決算に見られたように企業の業績を上げる。また円安になったことで外国人観光客が増加したが、彼らの消費の増加が予想以上に景気回復に寄与した。

3　日本のマネタリーベースの増加によって、市場の株式残高に対する円残高が相対的に増えるので、為替レートと同じ原理で、株価が上昇傾向になる。結果、経営者が設備投資を増やすことは、すでに説明した「トービンのq効果」である。2000年初期の量的緩和の時代に「トービンのq効果」が働いていたことは、関西大学の本多佑三教授等によって、実証的に示されている。

4　銀行貸し出しを受ける時には、担保が必要になるが、貸し手と借り手の間には情報の非対称性がある。仮に私が銀行の窓口で「今はゼロ金利の時代だから、1%の金利を支払うので私に100万円貸してほしい」と言ったとしても、「本当にあなたに返せる当てはあるのですか?」ということになるため、なかなか貸してくれない。私が返せるかどうかは、貸し手にはわからない（時には私にもわからない）。それで担保を適用して借りることになるのである。

この時、金融緩和に伴う株価の上昇が、銀行に差し出すことのできる担保の価格を上昇させる。その結果、資金の借り手は担保を提供しやすくなり、銀行貸し出しが増える。そして銀行の信用創造機能が加速的に働き始めるので、マネーサプライも増える。

ちなみに銀行の信用創造機能とは、銀行が預金と貸し出しを繰り返すことで、市場で使われるお金（預金通貨）が増えていく仕組み（信用創造）のことである。

プリンストン大学の清滝信宏教授は、担保の金融経済に及ぼす影響を世界にさきがけて分析したことで有名である。この効果は「信用の加速効果」とも呼ばれ、FRBバーナンキ前議長の研究や政策決定の根拠にもなっている。

マクロ経済学の教科書には欠陥があった

このように、伝統的なマクロ経済学の教科書が波及経路だとしている「銀行の貸し出しの増加」は、リフレ政策の波及経路にとっては、ほんの一部にすぎない。

その代わり、リフレ政策の波及経路のなかには、そういったマクロ経済学の教科書にはまだ書かれていないものが組み込まれている。それは「景気が回復し始める段階で企業が投資活動を進める場合、利払いが必要になる借り入れではなく、自社に蓄えたフリーキャッシュフローを取り崩すところから始める」ということである。

そのことを理解していないから、量的緩和を「実体のない偽薬（プラシーボ）だ」と思い込んでしまうわけだが、現実に、企業は長引くデフレにより、膨大なフリーキャッシュフローを溜め続けてきた。

そして、アベノミクスの発動によって予想インフレ率の上昇が起こった時、企業は実際にフリーキャッシュフローを使い始めている。これまで「偽薬だ」と言っていた人々も、ようやく金融緩和が正真正銘の薬だったことを理解し始めたのではないだろうか。

では、銀行の貸し出しが本格的に増え始めるのはいつかといえば、それは企業がフリーキャッシュフローを使い続け、それが底をつき始めた時である。

その段階で企業が新たに設備投資をしようとすれば、銀行などから資金を借り入れざるを得なくなるだろう。その時に、銀行貸し出しは本格的な増加に転じ始めるのである。

さらに銀行貸し出しが増加することは、銀行借り入れに対する企業の資金需要が高まることだから、金利は上がり始める。

そこに至ってようやく、マクロ経済学の伝統的な教科書が想定している、「金融緩和は、金利を下げることによって行われ」「銀行が一般の企業や消費者に、資金の貸し出しを拡大させることで景気の回復が達成される」世界が戻ってくるのである。

京都大学名誉教授の伊東光晴氏のアベノミクス批判は人気があるようだが、今述べたような誤った金融政策批判をその主張から取り除いたら、何が残るのだろうか。

多くの経済学者が金融緩和の効果を見誤ったのは、一般のマクロ経済学の教科書にはインフレ時の内容しかのっておらず、デフレ時の内容が欠けていたからだともいえよう。

実は経済的弱者を最も救っているアベノミクス

ここまでがアベノミクスの第1の矢が景気を回復させる波及経路だが、気になるのは、いまだに「庶民には実感がわかない」「アベノミクスで儲かっているのはお金持ちだけ」「だからアベノミクスは意味がなかった」などと言う人が多く存在していることである。

今はまだ、一般庶民の名目賃金が顕著に増加し始めるところまでは景気の波及効果が及んでおらず、多くの人がアベノミクスの景気回復効果を実感できていないのは確かであろう。

しかし、「アベノミクスで喜んでいるのはお金持ちだけ」「アベノミクスは意味がなかった」というのは明確な誤りである。

アベノミクスによる金融緩和は、投資家の利益を増やす一方、景気回復効果を通して、デフレ時代に最も苦しい思いをしていた経済的弱者である失業者に、雇用の機会をもたらしているからである。

完全失業者数の推移をグラフ化した次ページの図21を見てほしい。アベノミクス以前で最も

図21　減少傾向にある失業者数

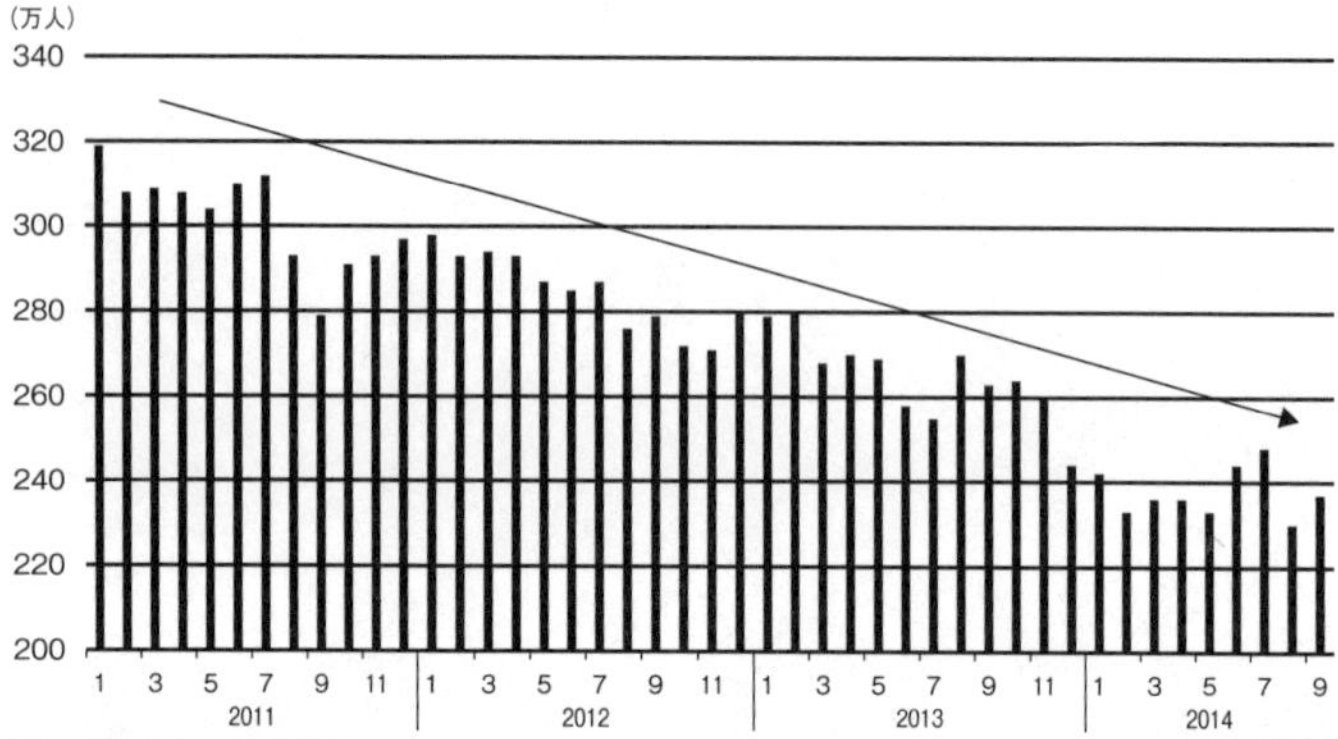

出所：総務省データより作成

失業者数が多かったのは、２０１１年１月の３１９万人だった。そして、アベノミクスが始まった２０１２年11月以降、日本の失業者数は如実に減り続けているのである。

具体的には、最も失業者数が減ったのは２０１４年５月であるが、この時、日本の失業者数は、２３３万人にまで減っていたのである。これはすなわち、苦しんでいた86万人もの失業者が、仕事に就くことができたということである。また、民主党政権時代だった２０１２年７〜９月期と、第２次安倍政権発足後の２０１４年７〜９月期を比べると、役員を除く雇用者全体の数は、１０１万人も増えているのである。

賃金上昇のカギは「完全失業率の低下」

デフレに陥った１９９７年以降、日本人の平均給料は傾向として下がり続けてきた。そのため、アベノミクスの初期の頃、多くのマスコミや識者が、「アベノミクスで物価は上がったが、給料は上がっていないから、庶民の暮らしは苦しくなっている」と批判していた。

みなさんも「アベノミクス効果で、今後は給料が安定的に上がり続ける」と言われても、（二十数年下がり続けてきたわけだから）なかなか信じられないだろう。

だがアベノミクスが成功すれば、日本人の給料はいずれ継続的に上がり始めるだろう。

しかも、いつ、どのタイミングで給料が上がり始めるのかは、ある程度予測することができるのだ。

日本人の給料（の平均）がいつから上がり始めるかを知るために、次ページの図22を見てほしい。これは縦軸に日本の賃金（名目賃金上昇率）、横軸に日本の雇用環境（完全失業率）をとり、その関係をグラフ化したものである。

この図から多くの人が懸念している「日本人の給料（名目賃金）」は、「完全失業率が約4％（厳密には3・8％）を持続的に下回るようになった段階で上昇に転じる」ことがわかる。

言い換えると日本の場合、雇用環境が改善していても、完全失業率が継続的に約4％を下回らなければ、給料（名目賃金）は上昇しないということである。そして、完全失業率がいったん約4％を下回ると、その後は完全失業率が低下するにしたがって、賃金の上昇率がだんだんと高まっていくのは、経験的事実である。

このように日本の名目賃金の上昇率と完全失業率との関係を見れば、完全失業率が3・5％

図22　名目賃金は完全失業率が約4%を下回ると上昇する

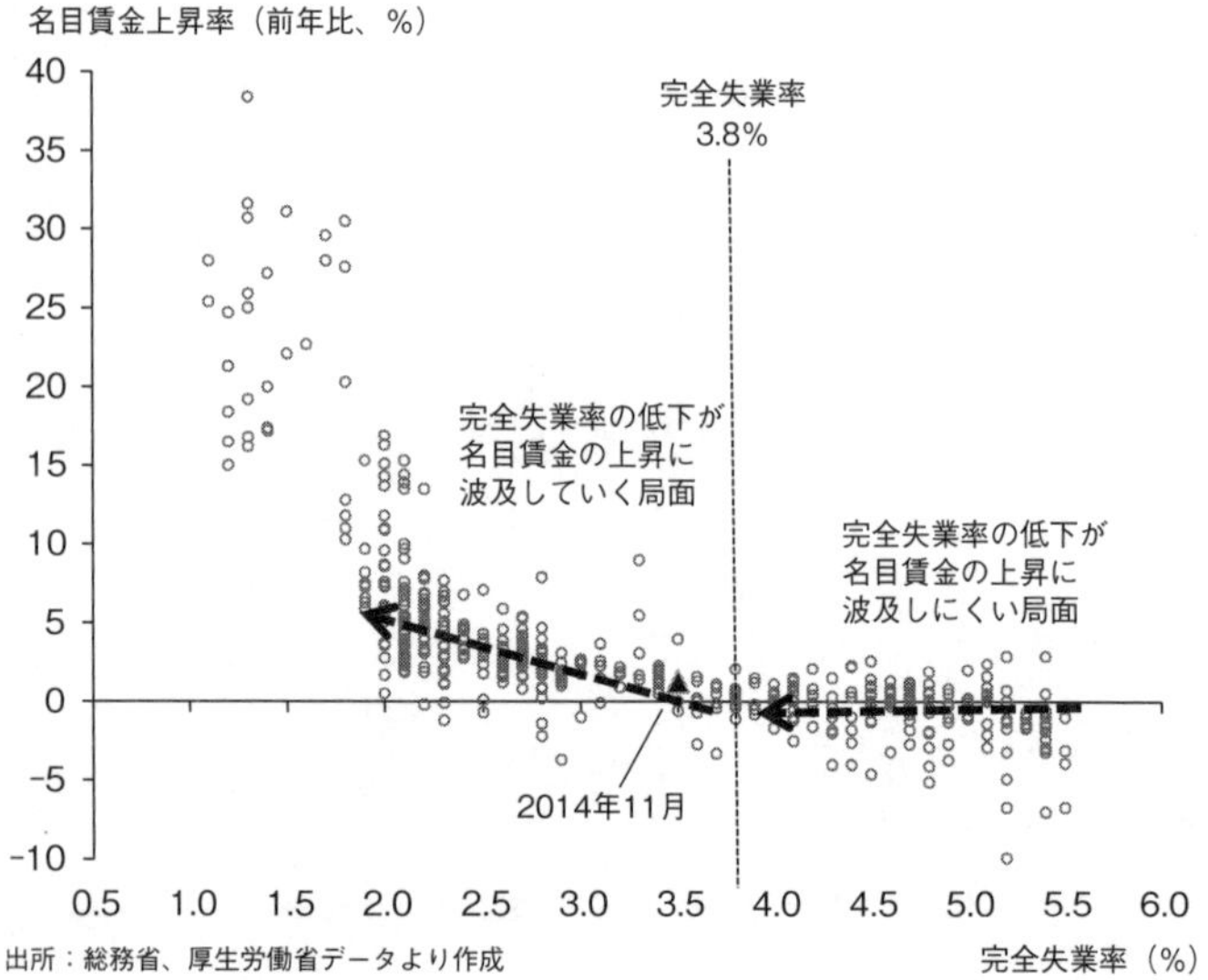

出所：総務省、厚生労働省データより作成

前後で推移している現状（2014年12月現在）は、給料の上昇幅はまだわずかで、賃上げが実感できないのは当然のことなのだ。

　しかしながら他の雇用関連指標（有効求人倍率、新規求人数、所定外労働時間など）も改善し続けているため、間もなく多くの人の給料が上昇過程に入ることは目に見えている。

　給料の上昇が失業率の改善に遅れて生じる理由は、経営者の立場を想像してみればよくわかるだろう。経営者にとって、従業員の給料は、できれば最後に上げたいものだからだ。

　たとえば業績の回復に伴って、経営者が従業員の給料を上げたとしよう。しかし、再度業績が悪化した場合、経営者は従業員の給料を安易に下げることはできない。なぜなら賃下げは、その額以上に従業員のモチベーションを下げ、ひいては離職をもたらしかねないからだ。

だから景気回復の初期段階で、企業が業績の回復に伴って生産の拡大を図る場合、その手段は既存の社員の給料を上げることではなく、まずは従業員に残業を求めることであろう。そして従業員が残業しても、とても間に合わないくらいに忙しくなって（業績がよくなって）はじめて、「新規雇用を増やす」場合が多いのである。

実際、経営者が自社の生産を増やす場合、従来の（すでに雇用している）従業員の賃金を上げたところで、飛躍的に生産量を増やせるわけではない。しかし、（非正規であっても）新規に従業員を増やせば、（それだけ労働力が増えることになるわけだから）如実に自社製品やサービスの生産量・供給量が増えることになる。

つまり、自社製品やサービスの供給量を単純に増やそうとする時、従業員の賃金を上げるよりも、新規採用を増やすほうが投資効率がよくなるのだ。

アベノミクスの発動以降、確かに景気が回復しながらも、庶民の給料はさほど上がっていないようなイメージが強いが、企業はようやく将来の業績について自信を取り戻しつつあり、そのため新規雇用を徐々に増やし始めた段階なのだ。

したがって、このまま増税などの〝邪魔〟が入らなければ、次はいよいよ給料が上がる段階に入っていたと考えられる（その意味で２０１４年４月の消費税率の引き上げは、国民がアベノミクスの恩恵による賃上げを実感するせっかくのチャンスを摘んでしまったのかもしれない)。そして、労働市場が本当に逼迫《ひっぱく》してくれれば、企業も賃金を上げないと、必要な労働者を雇えなくなる。それが市場メカニズムを通じた自然な賃上げである。

首相や大臣が経済界に賃上げの要請をして無理に上げるより効果があり、実際に必要なのは自然な賃上げのほうである。ここまでをまとめると、次のようになる。

1 企業が新規雇用を増やすことで生産を拡大させたあと、さらに景気が回復すると、新たに雇える人の数(=失業者の数)がどんどん減っていく。

2 その過程で人手不足が生じるため、(新規に雇われる)非正規雇用の人たちの賃金が上がる。

3 その後(またはその動きと並行して)、企業がさらに生産量を伸ばすために、他社から人を引き抜くなど従業員の奪い合いが起きる。この場合、企業はより高い給料を提示しなければ、人を引き抜くことはできない。また、非正規社員を正規社員として雇用し直す動きも出始める。

4 新規に雇われる人の初任給が上昇するのと並行し、企業の業績も上がり続ける。かつ、他社に人を引き抜かれないようにするためにも、既存の従業員の給料も上がり始める。

図23　毎月勤労統計とGDP統計（名目）の違い

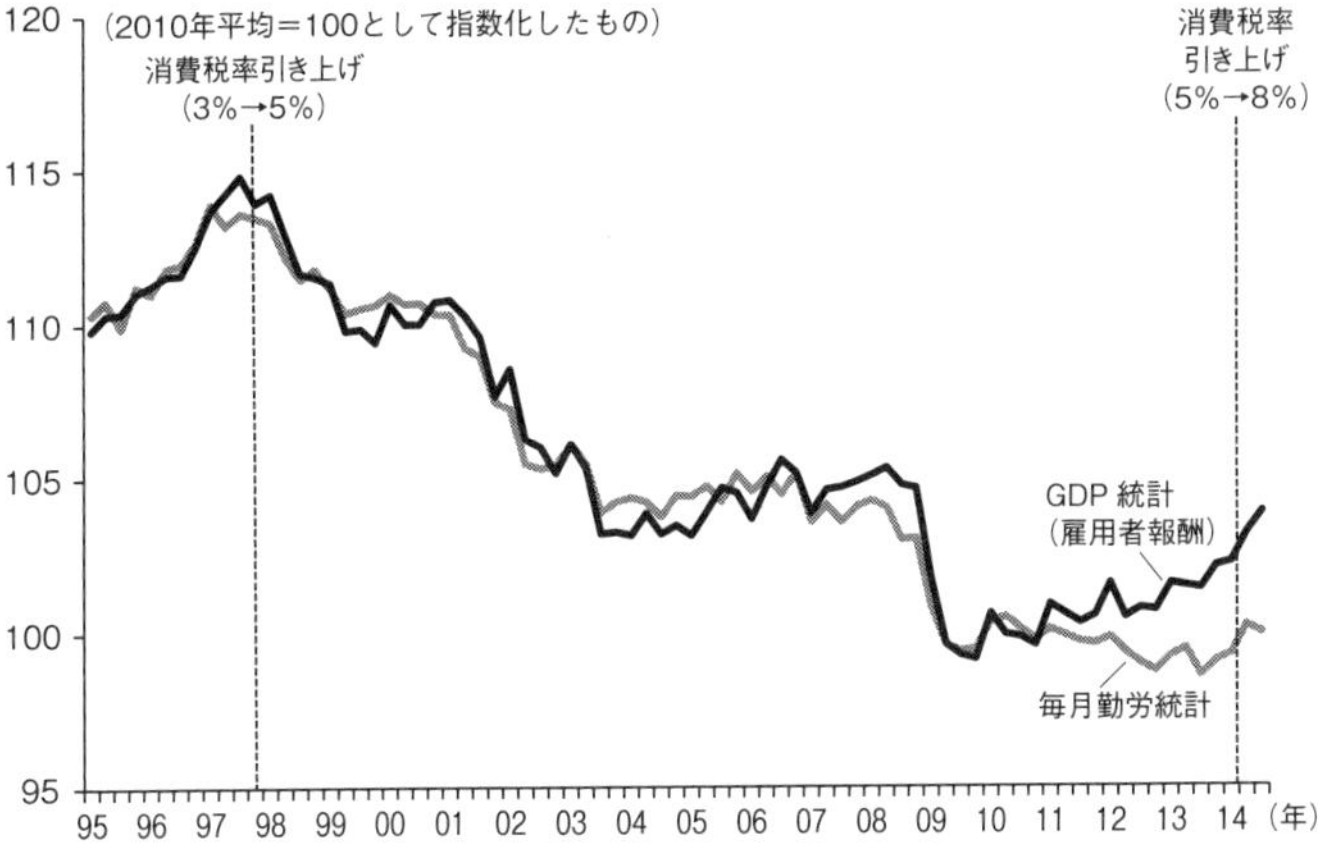

出所：内閣府、総務省データより作成

給料はすでに上がり始めている

また実際に、庶民の給料が上がり始めていることは図23からわかる。

賃金の統計として一般的に用いられる「毎月勤労統計」で給料を見ると、２０１３年半ば頃から給料は上がり始めているが、上昇は極めて緩やかで、これに多くの人は不満を持っているようだ。

だが、「ＧＤＰ統計」のなかの「雇用者報酬（名目）」を見ると、賃金は「毎月勤労統計」よりも大きく増加しており、しかも安倍政権成立直後から、両者の差が拡大し続けていることがわかる。

私は、日本全体の賃金動向を見る際には、「毎月勤労統計」よりも「ＧＤＰ統計」のなかの「雇用者報酬」のほうがよいと考えている。

その理由は、「毎月勤労統計」はすでに雇用されている雇用者（正規も非正規も含まれる）の1人当たりの賃金（月給）の動きであるが、「雇用者報酬」は支払われた給料総額を示したものだからだ。

つまり、「毎月勤労統計」はあくまでも、すでに企業から雇用されていた人の1人当たりの賃金の動きを示したものであり、そこには雇用が増えたかどうか（新たに雇い入れた人数）は反映されていない。

一方、「雇用者報酬」は、その時期に働いていた人がもらった給料の総額である。すなわち「毎月勤労統計」が1人当たり賃金の動きであるのに対し、「雇用者報酬」は「雇用者数×1人当たりの賃金」であらわされる。このことから、「毎月勤労統計」と「GDP統計」の「雇用者報酬」に差が生じているのは、「雇用者報酬」には「毎月勤労統計」に反映されていない雇用者数の増加（失業者の減少）が反映されているからだということがわかる。

どちらがより正確に、日本人全体の給料（名目賃金）の動きをとらえているかといえば、これまでの理由から「雇用者報酬」のほうであると考える。

これらが理解できると、2014年12月の衆議院総選挙の時に、野党がアベノミクスを批判する根拠として主張していた「アベノミクスの発動以降、非正規雇用は増えたものの、正規雇用は減っているため、アベノミクスは格差を拡大させている」という話のおかしさもわかるだろう。

図24　正規、非正規雇用者数の推移

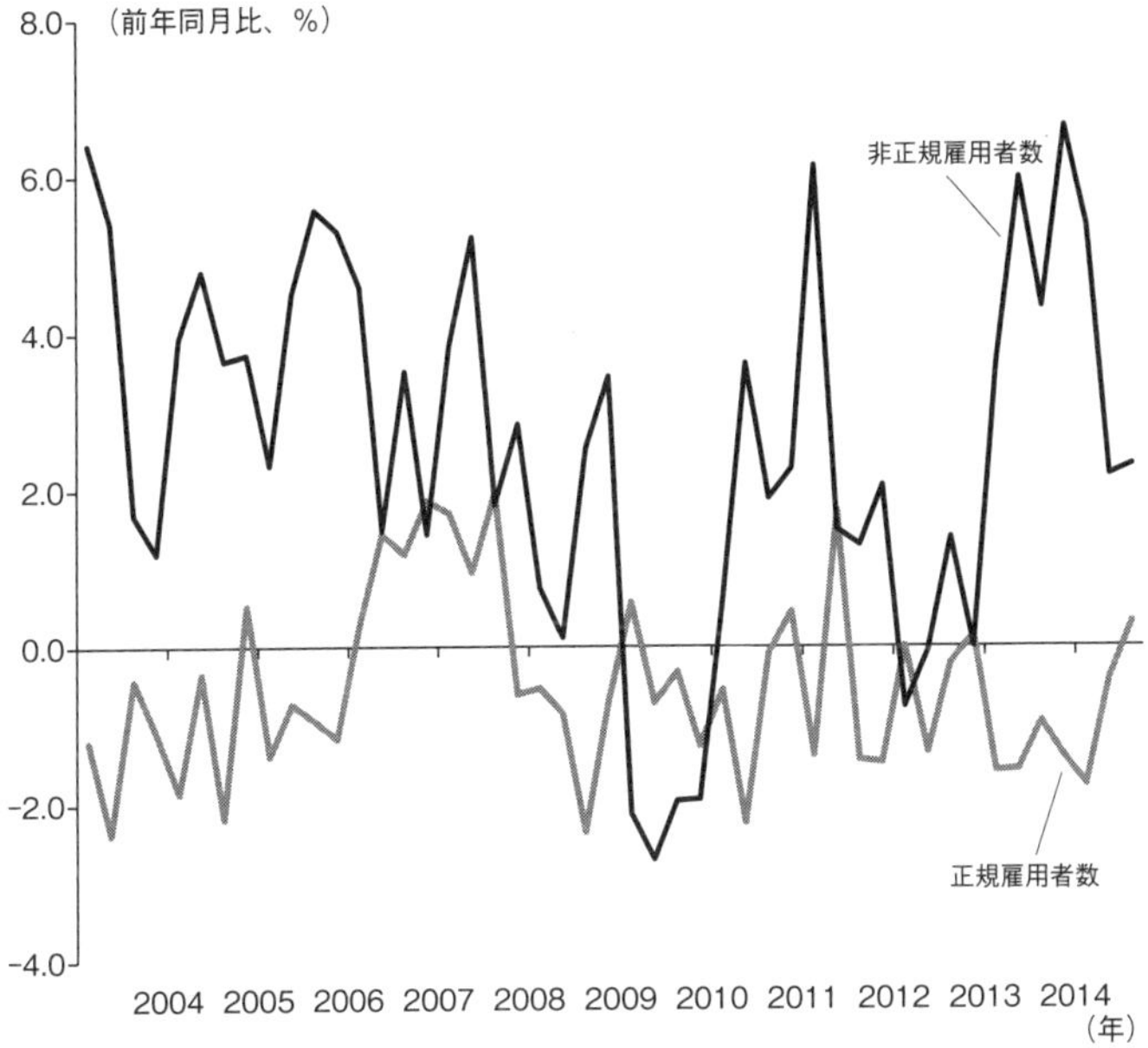

出所：総務省データより作成

図24は、日本の「正規雇用者数」と「非正規雇用者数」の推移をあらわしたものであるが、この図から安倍政権発足以降、「非正規雇用者数」は増加したあと、激減していることがわかるだろう。それにあわせて2014年7〜9月期以降、ついに「正規雇用者数」も増加に転じ始めているのである。

つまり日本経済は、「非正規雇用者数」が増える形での失業率の低下の段階から、「非正規雇用者」の正規登用の段階へと移行しつつあるのだ。そして、これは、企業が将来の業績に対して強気になってきたからこそ実現した現象であり、アベノミクスの成果だといえるだろう。

アベノミクスは金持ち優遇ではない

「アベノミクスは株高を通して金持ちを潤わせるだけで、庶民を潤す効果はない」などと言う識者がいる。確かにアベノミクスは、株高を通して資産家を潤わせているが、同時に経済的弱者である失業者たちが新規に雇用されるという波及効果を持っている。

アベノミクスはそういう意味で、トリクルダウン（資産家が潤うことにより、庶民にも景気回復の波及効果が出始めること）の理論ではなく、資産家と経済的弱者の両方に恩恵がもたらされることで、中間にいる一般庶民にも、その効果が上下から及ぶ政策である。

「アベノミクスの効果は、我々庶民にまでは回ってこない」などと多くのメディアが吹聴するため、不安に思うのも無理はないが、心配する必要はない。

このまま適切な経済政策が続けられ、完全失業率の低下が順調に続けば、徐々に一般の人の給料が増え始めることは間違いない。「非正規雇用者」の一部もやがて正社員として登用され始める時が訪れるのは、データからも明らかである。

理論の正しさを社会科学で最も有効に証明することは、カール・ポパー（イギリスの哲学者）の言うように、事実に反証してもらうことである。「論より証拠」がアベノミクスに一番力強い説得力を与えている。理屈ばかりで事実がついてこない理論は役に立たない。

アベノミクスの効果は、株高や円安をもたらしたと同時に、経済的に最も弱い人たちを失業から救い出すところから始まっている。そして、雇用できる人を雇用しつくし、「これ以上、雇用を増やすことによって生産を増加させることはできない」というところまで行きついた（完全雇用が達成された）その時こそ、給料（名目賃金）が増加し始める形で、一般庶民も実感できる本格的な景気回復が始まるのである。

デフレや円高などが引き起こしている問題には、貨幣政策が一番有効なのだということは明白である。

そして250年以上かけて、世界中の経済学者が脳漿《のうしょう》を絞ってたどりついた結論も、ほぼ同様な処方箋を提示しているのである。詳細は次章でお話しししよう。

第6章
「貨幣が経済に効くか否か」には250年の歴史がある

ここまででみなさんは、「なぜ金融政策が効くのか」についてかなり理解できたであろう。

この章では、その理解の基礎となる、経済学における「貨幣」の取り扱いの歴史を補足しておく。貨幣の機能、役割などは通常、「金融論」の最初のほうで説明されることである。読者には金融論の教科書の副読本のつもりで読んでほしい。

本章では、やむを得ずやや専門的な用語や、みなさんが聞き慣れない言葉も使っているかもしれない。日本経済がこれからどうなるかを先に知りたい方は読み飛ばしてもらっても構わないが、多少難しくとも、本章に目を通して、貨幣がどのようにマクロ経済に影響を与えるか、そしてそれに対して先人がどのような研究を続けてきたかを知ってほしい。

マクロ経済における「貨幣」の役割とは

私たちは毎日、お金（貨幣）を使って生活している。日銀総裁でも、経済学者でも、読者でも、貨幣なしに生活することはできない。そのため経済学者は、「貨幣」（通貨）と、それ以外の「実物」と呼ばれるモノ、サービスなどを一体として研究しなければならない。

人の懐にある貨幣の量（貨幣残高）が多ければ、人は消費を増やすし、少なければ、消費を抑制する方向に働く。したがって本来は、貨幣の役割なしに、経済学はマクロ経済現象を説明することはできないはずである。

しかし、経済学の発展の過程で、貨幣まで分析の対象に入れると話が複雑になるため、貨幣の動きはいったん外して、実物経済の動きを分析しようという考え方が生まれてきた。彼らは、次のように考えたのである。

「物々交換の世界では、交換するモノやサービスの質や量などの変化は、それを消費する人々の満足度に直接影響を与えていた。

しかし、手に触れるものがすべて金《きん》に変わるという願いが叶《かな》ったミダス王が、キスをしようとして愛娘《まなむすめ》まで金に変わってしまったというおとぎ話があるように、現在のような紙幣の通用する貨幣経済では、紙切れにすぎない貨幣そのものだけでは、消費者を満足させることはできない。

だから、人々の満足度を変化させ、消費を促進・減退させるのは、貨幣量の変化ではなく、実物のモノやサービスの質や量の変化なのである」

これは、「貨幣の量を2倍にしても、それは物価が2倍になるだけで、実物の雇用、生産などの動きには影響を与えない」という考え方であり、経済学の世界では「貨幣の中立性」と呼ばれるものである。

貨幣が実物経済に対して中立的な影響しか与えないのであれば、貨幣量の増減は、基本的に物価〝水準〟(すなわち、物価〝全体〟の上げ下げ)のみを決めるはずである。つまり、貨幣の量の変化は、個別のモノやサービスの価格変動(モノとモノとの間の相対価格)や、モノやサービスの生産、消費量の変化には影響を与えない、と彼らは考えたのだ。

貿易論や国債の分析などで現代にもその学説が直接的な影響力を持っている天才経済学者のデイヴィッド・リカード(1772〜1823年)と、イングランド銀行に近い考え方を持つ銀行学派の経済学者との間には、18世紀末から19世紀初期にかけて、一つの論争があった。「地金《じきん》論争」と呼ばれるものである。

貨幣が増加すれば物価が上がるというのが、リカードの地金学派の主張であった。

これに対して、お金を使う一般家庭や企業の側に貨幣が欲しいという需要がなければ、いくら中央銀行が貨幣を増産したところで、その貨幣は市中に流通しない。したがって、貨幣供給の増加(金融緩和)は物価を上昇させるとは限らない、というのが銀行学派の主張であった。

この対立は、21世紀になった今日でも、「金融緩和は物価を上昇させる」という日本のリフレ派と、「金融緩和で物価を上昇させることはできない」という(黒田日銀総裁就任以前の)旧日銀理論派との溝として残っているといえよう。

「マーシャルのk」という考え方

さて、19世紀の経済学の中心はイギリスのケンブリッジ大学であったが、そこの正教授であるアルフレッド・マーシャル（１８４２～１９２４年）は、いわば世界の経済学界の頂点にいた。彼の学派は「新古典派経済学」と呼ばれている。

この学派の貨幣論の中心は「貨幣数量説」だったが、その基本概念は「マーシャルのｋ」という考え方である。

企業と家計の所得の総合計が（名目）国民所得であるが、国民は経済取引を行うために、国民所得のうちの一定の割合（ｋ％）を貨幣（現金）で保有する。この関係は、次のような式であらわすことができる。

国民の保有する貨幣残高＝ｋ×名目国民所得

ちなみに、貨幣を用いる取引がどのように、どのくらい行われる国であるかによって、このｋは変わってくる。

たとえば、小切手を多く用いる米国よりも、現金を多く用いる日本のほうがｋの値は高い、といった具合だ（実際には、２０１４年9月末時点でアメリカは０・６５で日本は１・８１である）。ここでｋが使われているのが「マーシャルのｋ」の所以《ゆえん》である）。

そして、名目国民所得は、「物価×実質国民所得」であらわされるものであり、貨幣残高を

Mとし、物価をP、実質国民所得をYとして、前の式に代入すると、次のようになる。

貨幣残高（M）＝k×物価（P）×実質国民所得（Y）

この式の意味は次のようなものである。

市場では、各経済主体の経済取引の結果、まず実質国民所得のYの値が決まる（価格メカニズムが働き、需要と供給が均衡した時の値になる）。同時に（kが一定である限り）、その時の一国の物価水準も、Pの値として自動的に決まる。

この時、中央銀行が貨幣を増減しても、物価が比例的に増減するだけで、実質国民所得は影響を受けないと新古典派の人々は考えた。たとえば貨幣の量を2倍にしても、価格水準が2倍となるだけで、実質国民所得は影響を受けない。

この式の性質が、生産や所得、雇用などが貨幣から影響を受けないとする「貨幣の中立性」の根拠になっている。

金融緩和は行わないほうがいいという学説もある

この「実物経済を見る時は、貨幣の動きを取り外して見るほうがいい」という考え方を進めたのが、マーシャルの後継者のアーサー・セシル・ピグー（1877〜1959年）である。

彼は、「貨幣は、単に企業や消費者が経済取引を行う時の交換手段にすぎないため、雇用や生産、消費の量などの実物経済の動きに影響を与えるものではない。影響があったとしても、それは短期的でうつろいの多いものである。したがって、『貨幣は物の動きを覆うヴェールのようなものにすぎない』」と唱えた。

そのため経済学者は、まるで人の顔を覆うヴェールをはぐように、実物の表面を覆う貨幣に惑わされずに、実物経済に焦点を当てるべきだと説いたのである。

「貨幣の中立性」の考え方の政策的意味合いは、「中央銀行による貨幣量の増減政策は、物価の変動に影響を与えるだけで、生産活動や雇用の増減などの〝実物〟の問題には関係ない」というものである。

彼らは、〝新〟古典派と呼ばれているが、それは、「経済学の父」と呼ばれるイギリスの経済学者アダム・スミスを始祖とする「古典派経済学」の系譜にある経済学だからである。

スミスは、1776年に出版した『国富論』において、政府が経済に積極的に介入して統制する「重商主義」を批判。「経済は、個々人が自由な市場のもとで、個々人の利己心に従い、自由に経済活動を行ったほうが、『神の見えざる手』が働き、うまくいく」と主張した。神の見えざる手とは、自由な市場メカニズムのことである。

スミスは、「経済の発展のためには、政府は可能な限り余計な干渉をしないほうがいい」という考え方を打ち立てた。

その流れをくむのが、ピグーなどの新古典派の経済学者たちだ。彼らは「金融政策による貨幣の量の増減は、実質GDP成長率（経済成長）に影響を与えることはない。貨幣の量の増減は、物価の決定、特に物価安定のためだけに有効だから、金融政策による介入もあまり行わないほうがいい」と考えたのである。

マクロ経済学の基礎を作ったケインズ

このような新古典派的な考え方に疑問を呈したのが、イギリスの経済学者であるジョン・メイナード・ケインズ（1883〜1946年）である。

彼はイートン校の秀才教育を受け、ケンブリッジ大学を卒業後、英国財務省（インド局）に入省。そこでヴァネッサ・ベルとヴァージニア・ウルフの姉妹、リットン・ストレイチー、ダンカン・グラントらのブルームズベリー・グループ（イギリスの芸術家や学者からなる組織）と交友した。

ケインズは1936年に『雇用・利子および貨幣の一般理論』（通称『一般理論』）を著した。「一般理論」とは、「国民経済を研究するには、国民所得や貨幣市場、労働市場などを個別に研究しても意味がなく、それらを総合的（一般的）に分析しなければならない」という意味である。

ケインズは、両大戦下の世界経済の惨状を見て、金本位制に問題があり、マクロ経済に失業や景気沈滞の問題がある時には、需要、供給の「見えざる手」に自由に任せておいてはいけない。金融財政政策を用いて景気を適正経路（潜在成長力）にまで戻すべきだ、と考えた。

こうして彼は新古典派の経済学を転換させる「ケインズ革命」を起こした。そして個別市場の分析であるミクロ経済学でなく、国民経済全体の観点から研究する「マクロ経済学」の礎を築いたのである。

ケインズ経済学の教科書の弊害

『一般理論』は従来の常識を破る内容に満ちており、難解であった。そのため第二次世界大戦が終わる頃には、多くの早わかり解説本があらわれた。

それらの解説本（ケインズ経済学の教科書）には、金融政策と財政政策による不況脱却効果について、次のような解説がされていた。

貨幣市場と財市場（財やサービスを取引する市場）は結びついているので、貨幣量の増減（金融政策）は、確かに景気にも影響を与える。しかし、不況期には、利子率が低い水準に定着し、人々が貨幣にしがみつく状態（流動性の罠）に陥るので、不況脱却対策としての金融政策の効果は弱いとケインズは主張した。だから不況期には、金融政策より、財市場に直接働きかける財政政策のほうが景気振興策として有効であると唱えた。

こういった、ケインズ経済学の教科書の解説的な考え方は、為替レートの動きが政府によって固定されている固定相場制の時代では、当然な考え方だった。

なぜなら、ある一国で金融緩和政策を行うことで貨幣の量を増加させれば、通常、為替レートは通貨安方向（日本でいえば円安方向）に動く。しかし、その時、固定相場を維持するために為替介入を行えば、いずれ外貨準備が枯渇してしまうため、固定相場制を維持することができなくなる。だから固定相場制の時代の各国にとっては、金融政策は実質的に封じられていたに等しい。

つまり固定相場制の時代には、景気を回復させるための金融政策は許されず、景気を回復させるためには、財政政策を実施する他はなかったのである。だからケインズ経済学の教科書には、金融政策よりも財政政策のほうが有効と記述された。

ところが1973年以降、諸先進国間の為替レート変動が国際金融市場に任せられる「変動相場制」の時代に突入。為替レートはいくら変動しても構わなくなったため、景気を回復させるために金融政策を実施する権限を、各国の政府は取り戻したのである。

それ以降、景気を回復させるためには、財政政策でなく為替レートの変動を通して効く金融政策のほうがより有効になったのである。にもかかわらず、ケインズ経済学の教科書には、「景気を回復させるためには、金融政策より財政政策が有効」という、旧時代の記述が残されてしまった。これが原因となって、金融緩和の効果を否定する人が世界中に多数存在するようになったことも、また一つの事実であるように思う。

とはいえ私も、イェール大学に赴任する前、東京大学で法学部生向けの「近代経済学」を講義していた時代には、マクロ経済学では当時スタンダードだった、ケインズ経済学早わかりの教科書を使って授業をしていた可能性もある。

そのため、最近、民主党や自民党の幹部や代議士に「以前、先生の講義をとっていました」と言われると、複雑な気持ちにさせられる。彼らの多くが、金融政策の重要性を理解していないように思われるからである。もしかすると彼らの誤解の元の何分の一かは自分の講義のせいかなと（自意識過剰かもしれないが）思ってしまい、忸怩たる思いに駆られるのである。

計量経済モデルにより、マクロ微調整政策の過信が生まれた

第2次世界大戦後、ケインズ経済学の解説は隆盛を極めた。特にハーバード大学のアルヴィン・ハンセンや、1980年にノーベル経済学賞を受賞したローレンス・クライン等によっ

て、グラフでわかりやすく絵解きされたケインズ経済学の教科書がマクロ経済学の標準となり、世界全体に行きわたっていった。

そのなかで経済は、放っておくと大不況に陥るかもしれないので、政府のマクロ経済への介入が必要であり、そのためには金融政策より財政政策のほうが有効であるとされてきた。

そういったなかで、ケインジアンであるクラインは、計量経済モデルを用いてアメリカ経済を読み解いていった。計量経済モデルとは、経済現象を数量的に分析・予測するために、計量経済学（経済理論から導かれる仮説を数学モデル〈数式〉として構成し、これが正しいかを、統計学的方法により検証する学問）を用いて、数式として表現したものである。

その後、計量経済モデルは、マクロ計量モデル（一国の経済の仕組みや、経済政策の結果の検証を行い、微調整政策の効果を明らかにするため数式化したもの）として発展していった。

ところが、計量経済モデルに対し、徐々に過信が生じていくことになる。そして、データ数の制約によって膨大な体系のパラメータ（parameter／媒介変数／プログラムの動作を決定する数値や文字などの設定値）を十分に推定する自由度がないことがわかると、大規模な計量経済モデルは次第に信憑性を失ってしまった。

結果、マクロ計量モデルは、先に経済理論を打ち立てて、その理論に沿ってモデルを組むというものよりも、逆に経済理論による制約をなるべく少なくして数字に語らせるような方法（時系列分析）にとって代わられることになったのである。私に言わせれば、「理論なき計測」

が横行する時代に突入していくことになった。

フリードマンの「マネタリズム」とは

ケインズ経済学の全盛期、シカゴ大学に陣取ったミルトン・フリードマン（1912～2006年）は、一貫してケインズ批判を続けていた。

彼は、1929年に起きた「世界大恐慌」から脱出した国々が、それぞれ大規模な金融緩和政策を行っていたという事実を見て、アンナ・シュワルツと共同で、『合衆国貨幣史』という大著を書いた。

そして、「金融政策が効かないということはない。金融政策（貨幣）は『実物』の世界に影響を与えるものである」と唱えた。ただし、一般的な政策提言の場面では、「通常の時期においては、中央銀行の経済政策があまりに裁量的であると、自由市場のよさを削いでしまう。そこで金融政策は、物価を安定させるためという目的に注力するため、貨幣量の成長率を一定にするように運営したほうが望ましい」という主張も展開した。

フリードマンの主張は、金融政策よりも財政政策を重視していたケインズ経済学の教科書に対抗するものであったが、「金融政策は有効であり、それを無視した国は大不況から回復できない」という点では、現在のリフレ派の主張そのものになっている。

一方で、彼は「経済は自由な市場メカニズムに委ねるべきである」とも考えており、不必要な政府の干渉は排除しなければならないという主張は、古典派経済学の考え方の延長線上にあるという複雑な構造を持っている。

フリードマンの主張は「マネタリズム」と呼ばれ、その主張者たちは「マネタリスト」と呼ばれている。シカゴ大学で学び、教える者も多かったので、彼らは「シカゴ学派」とも呼ばれた。

我が師トービンの「資産選択の理論」とは

私の博士論文の指導教官であり、生涯の師と仰いだジェームズ・トービン（1918～2002年）は、「マクロ経済は、裁量的な経済政策を行うことで改善できる。そして財政政策も有効だ」とするケインジアンであったため、よくフリードマンと論争を繰り広げていた。

トービンが、イェール大学の同僚であるウィリアム・ブレイナードと一緒に研究した理論は、「資産選択の理論」を基礎にしたマクロ経済学である。資産選択の理論とは、次のようなものである。

1　家計や企業のような経済主体は、どの時点でも、それぞれストックとしての資産（そして負債）を持っている。そして、総資産は様々な株式や、社債、国債、外貨、そして預金などの組み合わせで持つ。その時々に、個々人や個々の企業が、どのような資産（あるいは負債）の組み合わせを選んだらよいかは各資産の収益率や、そのリスクによって決まる。

2　株式投資の基本は分散投資にある。トービンの説明によると、卵（資産）をみな同じバスケットに入れないで（つまり分散投資することで）危険を少なくすることができる。子どもに卵を買いに行かせる時には、2つバッグを持たせてやればよい。2人の子どもを行かせれば、しかも違った道を通らせてやればもっといい。

しかもトービンは、個々の家計や企業の資産選択を考えるだけでなく、これをマクロの株式市場や貨幣市場の分析にまで応用したのである。彼は「資産選択の理論」を国民経済に応用して、次のように考えた。

中央銀行が金融緩和を行うと、社会全体に存在するストックとしての貨幣が増加する。投資家はその時、多くの貨幣を手にする。そうすると貨幣の残高が増えるので、その分貨幣を減らしてより多くの株式を手元に保有しようと考える。あるいは外貨を保有しようとするかもしれない。

こういった流れが生じることで、株式、不動産、国債、外債の購入などが増え、土地の値上がり、株高、国債の利子の低下が起こって、消費、ひいては企業の投資が増加し、フローとしてのGDPの増加につながる。通貨安も起こり、輸出需要も増える。

つまり、金融緩和によってストックの値動きが起きたあと、そこからフローである投資や消費、輸出も増加し、国民の所得や雇用量も増える。これが、金融緩和が景気を回復させる道筋である。

このような「資産選択の結果が、資産市場を通じて消費、投資、そして雇用に影響を与える」という考え方は「資産選択を重んずるアプローチ」、あるいはイェール大学が研究の中心となっていたことに由来して「イェール・アプローチ」と呼ばれている。

ちなみに「フロー」と「ストック」という、金融政策を理解する時に知っておきたい言葉が出てきたので説明しておくと、ストックは「残高」という意味で、現金や株、国債などの貨幣資産と、土地や建物などの実物資産を含んでいる。ストックは、ある一時点で国民経済に存在し、測ることができるものを示している。

一方、「ストックの一定期間の増加の量、変化量」という意味で「フロー」と呼ばれるものがあり、これには1年や四半期の間に国民が生産する付加価値の総量であるGDPや、1年や四半期で行われる「消費」や「投資」、「雇用量」などが属している。

先に、新古典派までの経済学者は、「貨幣量の変化は実物に影響を及ぼさないと考えている」とお話ししたが、これはストックとしての貨幣の動き（金融政策）が、フローとしての所得や生産に影響を及ぼさないと考えていたことに等しい。

そして、ケインジアンであるトービンは、金融緩和から波及した株などの資産（ストック）の値動きは、のちにGDPなどのフローの動きに波及すると主張した。

さらにトービンは、マクロ経済での裁量的な政策の効果を信ずるという点で、フリードマンを含むマネタリストとも対立していったのである。

フリードマンの巧妙な理論

トービンと対立していたフリードマンの論理展開は、極めて巧みだった。彼は単純に金融政策が効く効かないを主張したわけでなく、次のように言っていたからだ。

「貨幣政策（金融政策）も、ある時には効く。しかし常に効くとは限らない。過剰設備がない時（完全雇用の時）には物価にすぐ響いてしまう（必要以上のインフレが起きる）。また、金融政策が効くまでにかかる時間（タイムラグ）は状況によりまちまちである。だから、どのような効果の出方になるかが不安定だし、あるいは効かない状態も可能性として残されている」

このようにフリードマンの理論は、「貨幣は『短期』には効く。しかし、経済が『長期』の状態にある時には物価の上昇をもたらすだけに終わる」という複雑な構造なのである（ちなみに経済学者が、「短期」「長期」という言葉を持ち出した時には、必ずしも時間的な長短の話をしているわけではない。「短期」とは完全雇用が達成されていない不完全雇用の時期のことを指しており、「長期」とは「完全雇用の状態」を指している）。

そのため彼の理論は、ずるいと言っては身も蓋もないが、簡単には論争相手が反証できないような、そんな柔構造となっていた。

だからトービンは、フリードマンと2人で論争するのはあまり好きでなかったらしい。2人がたまたま日本を同時に訪れていた時、「日本経済新聞」の記者が「2人で対談を」と頼んだら、トービン夫人が「東京に来てまで、どうしてあんな難しい人と議論しなければならないの？」と渋い顔をしていたのが懐かしく思い出される。

ルーカスによるケインズ批判

ケインズの『一般理論』が出版されてから36年たった1972年に、フリードマンの反ケインズ革命の動きを一層推し進めたのが、シカゴ大学のロバート・ルーカス（1937年〜）である。

ルーカスは、フリードマンの第1の主張である「効き方は時によって一定ではなく、効果が出始める時間も変わりうるが、金融政策はマクロ経済に効く」という現実的なほうではなく、第2の主張である「自由な経済体制（価格機構による『見えざる手』）が資源配分を効率的にするので、金融政策はなるべく実物体系を乱さないように行ったほうがよい」という古典派的な考えを推す形で、ケインズに対する批判を行ったのである。

これはマクロ経済学を、ケインズ以前、つまり19世紀以前の古典派の方向に揺り戻そうとした動きである。

ルーカスの考えは、次のようなものであった。


「景気循環はいろいろな要因によって生ずるとされているが、それは貨幣以外の実物要因や不確実性によっても説明できる」

「景気循環は、総需要と総供給の一時的な不均衡によって生ずると考えられているが、それは市場がいつも均衡していると想定しても説明できる。したがってマクロ経済が変動するのは、実物的な人口の増減や、技術力の変動などの供給側の要因に変化があるからである」


これをさらに古典派的にモデル化したのが「実物的景気循環モデル（Real Business Cycle Model／RBCモデル）」、あるいは「均衡景気循環モデル」と呼ばれるものである。

この学説は、世界は市場均衡が常に成り立っており（常に完全雇用が成り立つ長期の状態にあり）、意図しない在庫や失業が発生しない（すなわち、短期的にも不完全雇用の状態は存在しない）と想定して組み立てられた経済学である。

アルフレッド・マーシャルたちの新古典派経済学も、古典派経済学の「自由放任主義」を踏襲していたが、ルーカスはその新古典派（ネオクラシカル・エコノミクス）よりも、より強烈に古典派経済学の復活を企てたのである。そのため彼らは、「新しい古典派」（ニュー・クラシカル・エコノミクス）と呼ばれるようになった。

経済学の時計を巻き戻したルーカス

常に完全雇用の状態にあること（市場均衡が成り立っていること）を前提にしてマクロ経済を分析するという立場は、「ミクロ経済学の積み上げだけでマクロ経済も分析できる」ということから、「マクロ経済学にミクロ的基礎が導入された」と賞賛されるようになった。それまでのケインズ的なマクロ経済学は、ミクロ経済学との整合性がないと批判されたからだ。

それ以降、不均衡や失業などを想定のなかに含むケインズ的なモデルは、いくら現実的に見えても、「ミクロ的基礎を欠くマクロモデル」として排撃されるようになったのである。

またこの頃、「合理的期待」という概念が、経済学の世界に導入された。経済モデルのなかで分析される各主体は、少なくともモデル作成者と同じ程度まで経済構造を知っているという仮定が用いられたのである。

「人間とは、利用できる限りの情報をできるだけ有効に使って、自分にとって最も望ましい結果をもたらすような行動を予想（期待）しながら、合理的に選択する生き物である」とするのが、「合理的期待仮説」である。

この仮説を経済学の世界に持ち込んだルーカス等シカゴ学派は、「合理的期待形成学派」と呼ばれるようになるが、この学派の問題は、その前提に立って経済を分析すると、「政府が機動的に金融・財政政策を行うと、企業や個人は、その結果起こることを正確に予測して（織り込んで）行動するから、その政策の効果はなくなる」点にある。

結果、ルーカスは「（貨幣量の変化とは無関係に）実物のことは実物で決まって、貨幣の動きは物価水準に変動をもたらすだけである」とする古典派的世界に、経済学の時計を巻き戻してしまおうとした。

「実物のことは実物で決まる」ということは、実質GDP、所得、生産、消費、投資、経済成長率などの実物の変化は、企業の技術力や国民の趣向の変化など、同じ実物要因の変化によって決まるということである。

したがって、実物の動きではない金融政策は、物価水準に影響を与えるだけで、実物の世界には何ら影響も及ぼさない、ということになる。

物価が上昇すると失業率が下がるのはなぜか

もっともルーカスには、RBCモデル（実物的景気循環モデル）の立役者であるエドワード・プレスコット（元ミネソタ大学、現・アリゾナ州立大学教授）ほどには、教条的でないところがあった。

ケインジアンは、物価上昇と失業率が負の相関を持っていることを、フィリップス曲線を用いて説明した（92ページ参照）。

そしてケインジアンは、この原因を賃金に硬直性があるからだと説明する。賃金の硬直性とは、たとえば景気が回復したからといって、即座に労働者の賃金が上がることはなく、上がるまでにタイムラグがあることである。

景気と企業業績が回復し、物価が上昇したとしても、即座に労働者の賃金（名目賃金）を上げずにすむのであれば、経営者はその時、回復した業績を原資に、より多くの人を雇い入れることができるようになる。だから物価と失業率の間には、物価が上がれば上がるほど、失業率が下がるという関係があるとした。

これに対してルーカスは、なぜ物価が上昇すると失業率が下がるのかを、供給サイドの視点から説明したのである。それは次のようなものだった。

物価が上昇気味の場合、（今は失業している）労働者は、自分の賃金（名目賃金）も上昇する可能性が高いので、働けば自分の購買力が上がる（実質賃金が上がる）と錯覚する（経済学の世界では「マネーイリュージョン」と呼ぶこともある）。そのため多くの労働者が働きに出て、結果的に失業率が下がるのだ、と。

こういった労働力の供給側の行動があるので、物価が上がっている時に労働者は余計に働いてしまい、フィリップス曲線の帰結と同じように、「物価上昇と雇用との右上がり、物価上昇と失業との右下がりの観測が生まれてくる」とルーカスは説明した。

非現実的な結論を生むプレスコットの手法

合理的期待形成学派の主張を推し進めたのが、前述のエドワード・プレスコット（1940年〜）である。

彼は、「実物経済の動きに、貨幣は影響を与えない」という考えをすべての前提とし、さらに市場が合理的に期待（予想）を形成し、その予想を実現する形で実際の経済も動くと主張したのである。つまり、金融政策の無力を経験仮説からでなく、公理として論じたのだ。

さらにプレスコットは、合理的期待形成仮説の立場から構築した経済モデルをコンピュータに入力し、大規模に分析する手法を生み出した。

しかしこれは、データからモデルのパラメータを推定するという、ケインズ経済学の、特にイェール大学のコウルズ経済研究所で採用された方法ではなかった。

プレスコットは、モデルそのものを新しい古典派の考え方に依拠して構築し、その数値解(numerical solution)の動きが現実にあっていれば、それは正しいと主張したのである。つまり、プレスコットの方法は、推定（estimation）でなく、数値解の当てはめ（calibration）だったのである。

私は、「プレスコットの方法は、計算機でモンタージュ写真（モデル）を複数枚作り、実際の顔の写真（実際の経済の動き）に最も似ているモンタージュ写真（モデル）が、一番いいモンタージュ写真（モデル）だと後づけで言っているようなものだ」と感じた。実際、私のこの意見は、計量経済学の大家であるクリストファー・シムズ（2011年にノーベル経済学賞受賞）からも賛同を頂いた。

確かに、旧来のコウルズ流の計量モデルには、データ数がパラメータを推定するのに十分ではないといった問題もあった。

ともあれプレスコットは、「経済はこう動くはずだ」という想定のもと、モデルからいくつもの数値経路を作り、そのどれが現実の動きを一番再現できているかを調べ、後づけで一番いいモデルを選択する手法を開発したのである。

自然科学の分野でも、カリブレーションの手法は、気象、地震などの分野で使われているという。したがって、経済学の世界にカリブレーションの手法を持ち込んだこと自体は、経済学の発展という点において有意義なものであっただろう。

しかし問題は、その前提となるモデルに、「貨幣は実物に対して中立であるはずだ」といった、本来は観測値で確かめてみなければならないことを、経済の当然の公理として、あらかじめモデルに埋め込んでしまったことにある。

そのためプレスコットの理論は、「金融政策は、景気の動向などに一切の影響を与えない」などとする、非現実的な結論を生むことになってしまったのである。

彼が生み出した「ＲＢＣモデル」という経済モデルの考え方は現在、「ＤＳＧＥモデル（動学的確率的一般均衡モデル）」と呼ばれる新しい経済モデルにも受け継がれている。

動学的確率的一般均衡モデルとは、経済に確率的攪乱《かくらん》が絶えず加わることを考慮しながら、経済主体が行動することを前提として経済モデルを構築し、時間の変化とともに諸条件が変化すること（動学）を考慮して組み上げられたものである。これは古典派経済学的な考え方の体系を取り入れているだけでなく、「賃金・物価には硬直性があって、金融政策が『短期』の世界では有効である」とする、「ニューケインジアン（新ケインズ派）」にとっても、画期的なモデルだとされた。

しかし、リーマン・ショック以前は、ニューケインジアン的考え方に依拠して組まれたモデルであっても、長期には金融政策は効かない（貨幣は中立的である）という強い制約条件が組み込まれていることが多かった。

それは、最初からこのモデルに合理的期待形成仮説が組み込まれているため、どうしたって「貨幣は効かない」という結論しか出てこない傾向を生んでしまった。

結局このモデルは、生まれながらにして「金融政策は無効である」という新古典派的経済理論の縛りにあっているようなものだったのである。この時期まで、DSGEモデルは「かくれRBC」でしかなかったのである。

とはいえ、一服の清涼剤もある。最近のDSGEには、リーマン・ショック後に積極的な金融緩和政策に出て、ある程度の景気の回復を果たしている米英の成功を踏まえて、「金融政策が実物経済に有効に働く」ことも考慮に入れられたモデルが出てきつつあるからだ。

経済学の論争の歴史は「金融緩和は効くのか否か」だった

いずれにしても、ルーカスからプレスコットへと受け継がれた合理的期待形成学派的、新しい古典派的経済学は、世界の経済学界を席巻《せっけん》し、大きな影響力を持つに至った。彼らの考え方は当時、一世を風靡《ふうび》したのである。

学者として世に立つためには、学術雑誌に論文を投稿し、審査員の審査を受けなくてはならない。「貨幣は実物に影響を及ぼさない」という主張が通説のようになったため、「貨幣は実物にも影響を及ぼす」という、本来なら現実的であるはずの論文はむしろ異端とされ、退けられるようになった。

インド出身で、プリンストン大学の卓越した理論経済学者であるアヴィナッシュ・ディキシットは、「ユーロ圏で各国が独立した金融政策を使えなくなると、財政支出に頼りすぎる傾向がある」という、まさにユーロ圏が抱える金融政策の足かせの本質をつく論文を「アメリカン・エコノミック・レビュー」に発表している。

しかし、彼が私に語ったところによると、審査員は当初、「そもそも各国の金融政策は各国の景気に影響を与えないはずだ」という批判を加えたというのである。

彼ほど尊敬されている学者までもが、合理的期待形成学派によって埋め込まれた〝締めつけ〟と闘わねばならなかったのである。

結局、近年の経済学の論争の歴史は、「金融緩和は効くのか否か」であったといっても過言ではない。

36という奇妙な数字の連続

ケインズが『一般理論』を書いたのが１９３６年。偶然、私は１９３６年に生まれているので、私は「生まれつきケインジアン」だと自解《じげ》している。その36年後の１９７２年に、ルーカス等による反ケインズ革命が起こっている。さらに偶然にも、反ケインズ革命の起きた年から36年後の２００８年に起きたのがリーマン・ショックだった。

これは私見であるが、リーマン・ショックによって大不況となり、大規模な失業（不完全雇用の状態）が起きたことこそが、経済は常に均衡の状態、完全雇用の状態にあると仮定する合理的期待形成学派の考え方が誤りであることを示しているのである。

そしてリーマン・ショック後の、不況から脱するために打ち出されたFRBや英国中央銀行による金融緩和の成功が、ルーカスやプレスコットの経済学（特にRBCモデル）が現実をとらえきれていなかったことを示している。

FRBが大規模な金融緩和政策を実施し、アメリカ経済は見事に不況から立ち直ったことは周知の通りである。すなわちストックの世界の変化（金融緩和）が、フローの世界に大きな変化（景気の回復）をもたらしたのである。

すなわち「ストックである貨幣は、フローの変化である実物には影響を及ぼさない」というのは誤りであったことになる。

リーマン・ショックの時、アメリカ経済にとって幸いだったのは、裁量的な金融政策が有効であると考えるFRB議長バーナンキやジャネット・イエレン（当時副議長、現在議長）がいたことである。

イエレンは、イェール大学での私の後輩であり、トービンの直接の弟子である。3年ほど前、イェール大学大学院修了生の同窓会が開かれた時、イエレンは次のようにはっきり言い切った。

「現在、バーナンキ議長のもとで私たちが行っている金融政策は、まさにトービン先生に教わったイェール・アプローチにのっとった金融政策です」

「金融政策は株式、社債などのストックの資産価格を決定し、それが消費や投資、生産などのフローの市場に働いていくのです」

「これまで多くの経済学者が、『政府が金融政策や財政政策を行うと、経済が混乱する』と言ってきたのに反し、私たち（イエレンを含めたＦＲＢ）が『金融緩和は景気を回復させる力を持つことを確信している』という考え方を実行し、成功を収めています」

経済学に最大の害毒をもたらした学説

このように「貨幣は効くか否か」という学説には、アダム・スミス以前からの古い歴史がある。デイヴィッド・ヒュームが「貨幣数量説」を主張し始めた頃から考えても、実に２５０年ほどの壮大な論争の歴史が存在しているのである。

経済学者は、命までとはいわないが、少なくとも面子《メンツ》のすべてをかけて真剣に議論を重ねてきた。にもかかわらず、そういった歴史的背景を知らないであろう経済学の素人が、簡単に「金融政策は効かない」などと言うのを聞くと、私は激しい怒りを覚える。

経済の歴史を真摯《しんし》に学ばず、「デフレ（物価の下落）は、生産年齢人口の減少によって生じた現象である」などという本がベストセラーになるのが日本の情けない現実なのである。

私はＮＨＫの番組で藻谷浩介氏のそういう発言を直接耳にしたため、思わず藻谷氏に「経済学が舐《な》められている気がする」と怒ってしまった。真意が伝わっているかどうかはわからないが……。

現在、私がもう一つ苦慮するのは、アメリカに留学した若い日本人の経済学者たち、しかも優秀な人たちが、新しい古典派的な経済学に毒されて帰国し、「金融政策が効くはずはない」と考えていることである。

これは、新しい古典派的な考え方を必要以上に忠実に吸収してしまったためであり、同時に彼らが優秀であるからこそ起きる錯誤だ。したがって、いったん毒されてしまった人と議論をしようと思うと、膨大なエネルギーが必要になるのだ。

そして彼らは、（これは白川前日銀総裁にも言われたことだが）「浜田は昔の経済学を学んだ人間であって、私のほうが新しい経済学を知っている」というふうな言い方をすることもある。

しかし、新しいか古いかが問題ではないことは明確だろう。大切なのは、どちらがより適切に、現実の現象を正しくとらえているかにこそあるのだ。

ところで、カリフォルニア大学でイエレンの同僚である経済学者のクリスティーナ・ローマー（大統領経済諮問委員会の元委員長）は次のように発言している。

「なぜこれまで金融政策が効かなかったかといえば、それは金融政策がアメリカですらまともに実行されてこなかったからです。効かない、効かないと言って、試されていなかったからです」

「今までに経済学で、『金融政策が効かない』という学説ほど害毒を流したものはないのです」


私もまったく同感である。

かつては、いくら私が日銀に説いても暖簾《のれん》に腕押しだったし、財務省の人たちも、日銀の引き締め政策を間接的に支持している人が多かった。財務省もマネーイリュージョン（貨幣幻想）に陥っていて、金融政策の重要性を忘れていたのである（彼らはデフレで名目金利が低いから、国債の返済利子率も下がって都合がいいと考えたかもしれないが、実際には名目成長率が下がり、税収が減ってしまい、財政赤字が悪化していることには気づいていなかった）。

そして政治家も、地域振興に役立つ財政政策に比べて、やや抽象的な金融政策は選挙の争点にしてこなかった。

「試されなかった」金融政策をあえて取り上げ、2012年末の選挙の争点とした安倍首相には心から感謝している。正確に言うと、私が個人的に感謝するだけでなく、アベノミクスの恩恵を受けている多数の国民のために感謝したい。

安倍首相はデフレ下の日本経済に最も必要なのは金融政策であることを理屈のうえでも完全

に理解し、それを直感的に信頼しただけでなく、日銀人事を刷新することで政策を実践し、その正しさを証明したのである。

金融政策が正しく行われるには、我々が住む世界（貨幣経済）のメカニズムを正確に知らなければならない。アベノミクスはその知恵が有用であることを示し、日本国民の生活を確実によくしている。

いまだにアベノミクスの批判を続けている識者たちは、企業の収益も上がらず、新卒が就職もできない、アベノミクス以前の世界が今よりもよいと主張したいのであろうか。日本経済がワグナーの「さまよえるオランダ人」の船長のように、日の目を見ずに迷走するほうを選びたいのであろうか。

これからはメディアも学者も、「金融政策は効かない」という人を惑わす妄想から離れて、250年の歴史のある世界の経済学の正道に立ち戻ってほしいと、心から願っている。

第7章
「株と為替で確実に稼ぐ」ことは可能なのか
――安達誠司・浜田宏一による対談――

アメリカに油揚げをさらわれた日本

この章では、日本経済の未来についてお話ししたいと思う。

まず念頭に入れておいてほしいことは、アベノミクスによって大幅な株高と円安が起きたが、その動きをけん引したのは海外、特にアメリカの投資家であったという事実だ。それはアベノミクスによる直接の利益を享受した人の多くが、日本人ではなかったということを意味している。

自分が手にできるはずだったものを突然奪われることを「鳶《とんび》に油揚げをさらわれる」というが、この事態を言い換えれば、「アメリカに油揚げをさらわれた日本」といえるだろう。

つまり、アベノミクスによる景気回復の一番おいしい油揚げは、海外の投資家に持っていかれてしまったのである。

私は、今度こそみなさんに、食べ損ねた（本来、食べられるはずだった）アベノミクスの旨味《うまみ》を十分に堪能してほしいと思う。そのためには日本の投資家は、しかるべき時（たとえば、アベノミクス発動の初期の頃など）にはしっかりリスクをとれるよう、知識と経験を磨く必要がある。

そういったわけで本章では、今後の株や為替の動きにまつわる話をしていきたいのだが、いかんせん私は現在、内閣官房参与という職に就いている。かつて為替レートの水準に言及した時、日本ではなく、こともあろうにアメリカ財務省で叱られたことがある。「参与であるということは、リモートコントロールの間接的な形であれ、かすかに株価を動かすことのできる立場にあるということだ。そんな君が、将来の株価の水準に言及するとは何事ぞ」と。

はっきりと、「コーイチのやっていること（為替の水準について、高い・低い、よい・悪いなどの判断）は、実際に為替を動かしてしまいかねないとまではいえなくても、ほんの少しでも株価・為替に影響を与えうる者が、市場に関して発言するのは職務倫理に反している」と言われたのである。したがって、ここでは私が株や為替の今後の具体的な動きに言及することは慎みたい。

そのためこの章は、本書の共著者である安達誠司さんとの対談という形式にし、株価と為替の今後の動きの見立てに関する発言は、（少しずるいかもしれないが）全面的に安達さんに譲りたい。

最新の経済学の理論を熟知し、実際にマーケットにも関わってきたエコノミストである安達さんに、理論だけではない、本当の投資の世界の話を引き出したいと思っている。

アベノミクスを否定する人が債券市場関係者に多いのはなぜか

浜田 私はどちらかというと、理論経済学の角度から証券市場を見てきました。私自身は現実の投資の経験は乏しいわけです。ですから現場に詳しいエコノミストの安達さんに、実際の投資の世界について伺いたいと思います。

まずお聞きしたいのは、アベノミクスの第1の矢（金融緩和政策）によって株価が上がり、円安も起こり、有効求人倍率と完全失業率が改善し続けている状況において、なぜ市場関係者のなかには、いまだアベノミクスの効果を否定したがる人がいるのかについてです。

安達　日本では長らく円高が続き、デフレが進行していましたが、それに伴って債券（国債）利回りがどんどん低下してきました。債券利回りが低下するということは、債券の価格が上昇することを意味します。

円高とデフレの進行が長期間続く限り、債券を購入すれば将来の価格が上昇するのは確実なので、市場として儲けやすかったということが、まず指摘できます。債券の取引で生計を立てている債券市場関係者は、円高になればなるほど利益が出るわけですから、理論的にどうこうというよりも、自らの経験（特に成功体験）を基準にして、円高を支持する人たちが多いように思います。

これは円安を否定したがる市場関係者が多い一因にもなっていると思います。

また、円高、デフレの局面では、金融機関の多くが、貸し出しを増やすことができず、債券の売買益で収益を稼がざるを得なくなりました。これによって、債券市場に関連する部署の組織的な地位が高まり、社内での出世等の利得に与った人も少なくなかったのではないかと想像します。

金融機関では、若手が収益拡大に貢献し、その手柄を管理職がさらって出世していくということもあります。そのため、「次は俺の番だ！」と思っている若手は少なくないはずです。ところが、自分がおいしい思いをする前に環境が激変すると、これまでの苦労が水の泡になってしまうと考える人も多いでしょう。アベノミクスによって、長年やってきた方法ではこの先食べられなくなるわけですから。彼らにはそういった危機感もあるのだと思います。

浜田 これまで円高と債券高でうまいことやってきたのだから、これからも円高でいいじゃないか、という自己本位な発想があるわけですね。

安達 よかれ悪《あ》しかれ、そういうことです。そんな状況にもかかわらず、現在の債券市場は、日銀が新規に発行する国債の約7割超を市場から買っている構図になっています。２０１３年４月の黒田日銀による「異次元の金融緩和」以降、債券市場の関係者たちは取引する物自体がなくなってしまい、毎日やることなく過ごしているような状況だという話も聞きます。

浜田 アベノミクスは、債券市場の商いを細らせている一面があるということなんですね。

安達 そういうことです。また、債券市場での取引の大部分は国債取引なのですが、国債は財務省が発行しています。そのため、債券市場で働いている人たちは、市場関係者のなかでも、特に財務省とのつながりを重要視しているように思います。彼らは「財務省の意向と反対のことを言っていると、国債の入札から外されるんじゃないか」ということを恐れているので、そもそも財務省の意向に反した意見を口にしづらいようです。

最近、債券市場に関わっているエコノミストや債券アナリストのほぼ全員が、「ある程度の景気の悪化には目をつむって、消費税増税による財政再建を優先すべきだ」と主張しているのは、まさにこのような背景があると思います。

ただし、個人的な経験から考えて、財務省の人たちが実際にそのような圧力をかけているのかといえば、必ずしもそうとはいえないのではないかと思いますが。

浜田　なるほど。実際に圧力があるわけではなくとも、余計なことは言わぬが吉だと考えているのが現状なのでしょうね。

莫大な利益を得る投資の方法

浜田　私は、アベノミクスの初期に油揚げを海外に持っていかれた日本の投資家たちに、今度こそおいしい思いをしてほしいと思っています。したがって実際の投資の現場において、大きな成果を上げている人たちの話をお聞きしたいと思います。
投資で大きな成果を上げている人たちといえば、ジョージ・ソロスなどが運営するヘッジファンドでしょう。規模の大きい投機的なファンドが、金融の世界では幅を利かせているように見えるのですが、ヘッジファンドというのはどういった手法でそれだけの利益を上げているのですか。

安達 簡単に言えば、彼らはマーケット自体が「必ずしも『効率的市場仮説』の通りに動いているわけではない」という前提で動き、それをうまく利用して利益を得ているのだと思います。「効率的市場仮説」とは、株式市場でいえば「現在の株価は、あらゆる情報を織り込んだうえで形成されているため、世間にすでに流布された情報をもとに投資をしていたら、投資家たちは恒常的に利益を上げることはできない」という考え方のことです。

つまり、経済や企業に関する情報、およびチャートをいくら利用しても、必勝法のような投資法は存在しないという考え方なのです。

しかし、現実の市場はそこまで効率的ではなく、どこかに歪みが生じているものだから、「必ず利益を上げられる機会があるはずだ」と彼らは考えています。その市場の歪みを見つけて儲けるというのが、ヘッジファンドの投資手法の基本的なスタンスだと思います。

たとえばソロスなど、メディアに頻繁に登場するヘッジファンドマネージャーの多くは、「グローバル・マクロ運用」という投資手法を用いて収益を上げています。

この運用方法は、世界の金融市場をマクロ経済の見通しにもとづいて眺め、その見直しによって考えられる価格から、マーケットが大きくかけ離れた時に集中的に投資するものです。

典型的なのは、彼が大成功したイギリスのポンド危機のような例です。ポンド危機が起きたのは、端的に言って、当時のイギリスが固定相場制を無理に維持しようとしていたことが原因でした。当時のイギリスは、中央銀行であるイングランド銀行が、ドル／ポンド相場が変動しないように為替市場に介入して、ドル／ポンドレートを固定させていました。

とはいえ、そもそも為替市場には多数の参加者が取引に参加しているので、イングランド銀行が頑張って為替市場に介入したところで、ドル／ポンドレートをいつも一定の値に維持できるはずがありません。それまでこれを維持できていたのは、イギリスの景気とアメリカの景気が、たまたま同じような動きを見せていたからです。

そのため、ドル／ポンドレートを大きく変動させることで利益を得ようという取引を試みる投資家がいなかったのです。そのように「仕掛け」たところで他に誰もついてこなければ、損失を被るだけですので。

浜田　でも当然ながら、その「たまたま」は永遠には続かなかった。

安達　その通りです。アメリカの景気とイギリスの景気が違う動きを見せた時が問題だといわれていましたが、それは実際に起きました。この場合、米英は別々の金融政策をとらざるを得なくなるため、固定相場の維持が不可能になったのです。為替相場を固定化させるという制度自体が永続性がなく、そのため為替市場に歪みが生じていたのです。

その制度上の歪みを認識し、制度が破たんするタイミングを見計らって、大きく仕掛けたのがソロスでした。ソロスはイギリスの固定相場制が崩壊し、大きなポンド安が起こった時に大きく利益をとれる方向で、大規模な投資を事前に行いました。しかも投資資金にかなりのレバレッジをかけ、先物取引の手法を駆使し大量の取引をすることで、相場が崩壊の方向に動くよう誘導すらしました。

結果、イギリスの固定相場制は崩壊し、大きなポンド安が起こったため、ソロスは莫大な利益を得たといわれています。これが、グローバル・マクロ運用というヘッジファンドの投資戦略の一つで、政府の経済政策とマーケットの間に生じる歪みを利用した投資の方法です。

ヘッジファンドの投資戦略

安達　とはいえポンド危機のように、経済政策とマーケットの間に大きな歪みが生じている事態というのはそうそうありません。

そこで、多くのヘッジファンドが比較的リスクをとらずに収益を稼ぐ手段として、「ロングショート戦略」という投資方法があります。

この方法は、株式市場においてロングポジション（買い持ち）とショートポジション（売り持ち）の両方を同時に保有し、そこから利益を得ようとするものです。

何らかの評価基準から判断して、割安だと思われる資産を買い持ちし、値上がりしたら売る投資方法と、割高だと思われる資産を空売りし、値段が下がった時に買い戻す投資方法を同時に行うため、この名がついています。

ほとんどの株価は、それがたとえ個別の株価であっても、マクロ経済全体の動きの影響を受けて動く部分が7～8割程度あるといわれています。そのためマクロ経済の動きを理解できれば、長期的な株価の方向性はある程度予測可能なはずです。

ただ、ヘッジファンドなどの「プロの投資家」は、1年もしくは四半期という短い期間で、どれくらい稼いだかで評価されます。そのため個別株の投資で収益を稼ごうとする場合、マクロ経済全体の動きをじっくり見て、じっと長期保有しておくというわけにはいかないのです。

しかし前に述べたように、個別企業の決算や買収・合併のようなニュースは、発表とほぼ同時に株価に反映されてしまうので、その類のニュースの発表を待っていても儲けることはできません。また、投資家は何らかの手段で事前に知ってしまい、それにもとづいて株式を売買することは法律で禁じられています。

そこで株式のアナリストと呼ばれる人たちは、公表データから、この手の株価を決める重要な情報が近々発表されるかどうかを予想しようとします。ただ公表情報から予想するのは一般的には無理なので、このような予想にもとづいて投資判断をするのは、非常に大きなリスクを伴います。

そこで考案されたのが「ロングショート戦略」です。前述のように、個別株の変動の7～8割がマクロ経済全体の動きで決まるのであれば、経営陣のスキャンダルや事業の失敗といった個々の企業特有の要因がなければ、同じ業種に属している企業の株価は概ね同じような動きをするはずです。

たとえば日本を代表する自動車メーカーであるトヨタとホンダの株価が、てんでバラバラに動くことは普通ないはずです。

とはいえ日々の株価は、取引参加者の「買いたい・売りたい」という需要と供給のバランスで決まっているため、トヨタやホンダの会社自体に何らかの問題がなくても、短期的には両社の株価がまったく違う動きをすることがあります。

このように、本来同じ方向で動くはずの株価の逆方向の動きを、通常の動きからの歪み（乖離）であるととらえ、そこから利益を得る方法が「ロングショート戦略」です。

では、個別企業に関する大きなニュースがないなど特段の理由がないにもかかわらず、トヨタの株価が著しく上昇し、ホンダの株価が著しく下落している局面があると仮定しましょう。「ロングショート戦略」では、この両社の乖離はいずれ修正されるはずです。たとえば円安等で自動車産業の業績がそこそこよいとすれば、両社の株価は、いずれは同じ程度に上昇してもよいはずだからです。

そう考えるのであれば、「トヨタを売る」一方で「ホンダを買う」という組み合わせで株を保有していれば、どこかのタイミングで両方の株は同じような位置づけのところに戻ってくるはずです。そして、実際にその時が来たら、トヨタを買い戻す一方でホンダを売れば、儲かるという算段です。

しかも、トヨタ株の売り持ちから始める場合、証券会社から借りたトヨタ株を売るわけですから、最初に手元に現金が入ってきます。そのお金でホンダ株を買い持ちすれば、トヨタ株を証券会社から借りる際の費用と手数料を除けば、投資をするための資金はいらないということになります。これが「ロングショート戦略」の特徴で、一度に大量の取引が可能となり、その分、大きな利益を見込めることになります。

この手の投資戦略は、ある2つの資産を組み合わせた時、長期で見て安定的な関係が統計上確認できるものであれば何でもいいため、株式の個別銘柄だけではなく、いろいろな組み合わせで行われています。

将来の予想など必要なく、あくまで過去における資産の価格変動の関係と、一時的な乖離を利用したものなので、「予想が外れて大損を被る」という事態は回避できます。

ただし、何らかの理由でこの2つの資産の間の統計的関係が変わってしまうと、投資戦略として機能しなくなるので注意が必要です。この関係を見誤ると、ポジション次第では、とんでもない損失を被ることになりかねません。

かの有名なLTCMは、これを新興国の債券で行っていたヘッジファンドでしたが、アジア通貨危機やロシア通貨危機で、これまでの債券価格の変動パターンが大きく変わったために、多額の損失を被ってしまいました。

浜田　まさに安達さんの説明で、ヘッジファンドの秘密が手にとるようにわかりますね。ソロスのようなマクロ経済の動きを把握して大きく儲ける人たちがいる一方、「ロングショート戦略」のような方法で稼いでいる人たちもいるのですね。

投資で勝つ人の特徴とは

安達　我々のようなエコノミストやアナリストといわれる人たちは、将来の見通しを正しく予想しようと日々、苦闘しているわけですが、予想の精度というのはなかなか向上していかないという側面が強いと思います。

特に、１９８０年代後半以降、世界のいろいろなところで経済危機が断続的に発生していますが、このような経済危機のあとというのは、伝統的な経済学の考え方が有効に機能しないことが多いように思います。

そのため、実際の投資の成功の鍵は、ある一定の考え方やロジックにこだわらず、臨機応変に対応して、短期で勝負を決めるというところにあると思います。

浜田　投資で勝つ人の特徴というのは、あるのでしょうか。

安達　一概には言えませんが、マクロ経済と市場全体の大きな動きの方向性を正確に把握しつつも、あまり自分の考えに固執せず、深追いは絶対にしない人だと思います。

たとえばソロスは、２０１２年12月、数兆円規模の日本株を買ったといわれていましたが、翌年の1月にはすべて売って利益を確定させていたという話でした。それは、彼らが目標のリターンをあらかじめ低いところに設定しておき、達成するといったん離れ、また次の大きな投資機会に備える、といったことを何度も繰り返しているということなのだと思います。

アベノミクスは、確かに日本の経済政策の一大変革で、これを見て「日本の株式市場も大きく変わり、これまでの停滞をいっきに覆すような上昇局面に入る」と考え、思い切って買いに入った投資家もいたと聞きます。

しかし、ソロスなどのヘッジファンドの投資家は、決して過大評価せず、冷静に対応したということなのではないでしょうか。私見ですが、今投資の世界で成功しているのは、そういう人たちなんだろうと思います。

浜田　「投資とギャンブルは似て非なるもの」なんて言われたりしますが、やはり博打《ばくち》打ちのような人は投資の世界では勝てないのですね。

安達　少なくとも、長期的に利益を上げ続けることはできないでしょう。ソロスなど特に顕著ですが、儲かっている人というのは、外に向けては哲学めいた持論を展開して煙《けむ》に巻いたり、後づけの理論で尊敬を集めたりしますが、自らの投資については、かなり現実的に行っているのだと思います。

ソロスは日本の金融緩和が効くことを知っていた

浜田 私が内閣官房参与になったあと、ソロスからニューヨーク郊外の自宅に遊びに来ないかと誘われ、家内などは「運転手としてでもいいから行きたい」と興味を示したのですが、私の時間がとれなかったので、逆に彼にイェール大学まで足を運んでもらったことがあります。それでイェールの卒業生に所縁《ゆかり》がある「モーリーズ」というレストランでごちそうになりました。

安達 ソロスにお会いになったとは興味深い話ですね（笑）。

浜田 今の安達さんの話を聞いて、ソロスが私に会いに来た理由がよくわかりました。彼は、アベノミクスがどれくらいの確かさで実行に移されるのかを探りに来ていたんですね。経済政策が大きく転換する時、そこに大きな投資機会が生じることを彼がよく理解している証拠でしょう。

その後、ソロスのパートナーから、「アベノミクスをちゃんとやれるような（たとえば黒田さんのような）人を日銀総裁にしないと、日本経済は破綻するよ」という旨の怖い手紙が送られてきたんです。これは内閣官房参与である私に対する脅迫状みたいなものです（笑）。

安達 徹底していますね。

浜田 重要なのは、我々日本のリフレ派が長年主張していた「日本経済の回復のためには大規模な金融緩和政策が必要」ということを、少なくともソロス自身は理解していたということです。「金融緩和を行うとハイパーインフレになる」「スタグフレーションに陥る」「財政破たんが起こる」なんて言っていた日本の市場関係者たちとは大違いですね。

安達　そう思います。私自身、海外の市場関係者と話すにつけ、日本の市場関係者の通説がいかにガラパゴス的でおかしいものかを実感しています。

浜田　それは市場関係者だけでなく、日本の経済学者にもまったく同じことが当てはまります。

ところでソロスの話は、市場関係者にとってはとても示唆的だと思います。なぜなら、マクロ経済の仕組みを知り、各国政府の、その時々の経済政策によって何が起こるかを把握できれば、大きな収益の機会になるということなのですから。

ソロスは、「金融緩和を行った国では相対的に自国通貨安が起こる」としたソロスチャートでも有名です。その解説やポンド危機の時にソロスがどう立ち回ったのかは、安達さんの書かれた、『円高の正体』(光文社新書)に書かれていますね。

安達　おそらくソロスが株や為替の市場動向を見定めるために使っているのは、マクロ経済学の教科書にのっているような理論ではないかと思います。

たとえば、今現在、変動相場制を採用している日本の為替相場において、いまだに「このままだと、ポンド危機のように円が暴落する」などと言っている人がいます。

しかし、「ポンド危機やアジア通貨危機が起こった原因は、それらの国々が固定相場制を採用していたから」だと知っていれば、変動相場制下にある日本で、円の暴落が起こり得ないことは容易にわかるはずです。

逆にいえば、「通貨の暴落は変動相場制の国では起こらない」という、マクロ経済学において極めて基礎的な事実すら知らない人たちは、危機をあおって自分の本やレポートを売りつけようとする人たちのカモになるか、投資の世界から撤退を余儀なくされるしかないでしょう。

浜田　然り、ですね。ソロスチャートのようなことも、経済学の世界では、すでに18世紀にデイヴィッド・ヒュームという哲学者が言っていることなんですね。

ヒュームは、ある国で貨幣がたくさん発行されたら、為替レートの世界で、その国の通貨が下がる（通貨安が起こる）のは仕方がない、と言っています。

安達　そうですね。そもそも金融政策を行っているＦＲＢ自体が、極めてオーソドックスなマクロ経済学の理論を用いることで経済の分析をし、施策を打っているわけですから。投資家であったとしても、マクロ経済学の基本的な部分を把握しておかなければ、勝ち続けることは難しいでしょう。

浜田　ヘッジファンドと呼ばれる人たちのなかで、儲かっている人たちがどういったことを考えて行動しているのかがよくわかりました。

株価チャートで儲けることはできるのか

浜田　次に、私のなかで長年くすぶり続けている謎についてお聞きします。先ほど安達さんがおっしゃったように、経済学の世界では株価の効率的市場仮説、すなわち、魔法のような投資法はない、ということがいわれているわけですが、現実の投資の世界では、株価のチャートを用いて取引を行うことがどうもてはやされているようです。

ヘッジファンドの投資法は、稀《まれ》に平時と外れる動きをする証券や債券が、平時通りの方向に戻ってくるという理論を前提に投資する方法が主体なので、うまくやればそれで利益を得られるというのは納得しやすいものでした。

しかし、株価チャートとは、過去の株価の動きをグラフ化したもので、理論的な背景を持っていません。あくまで過去の動きの延長で、株や債券の動きを見ようというものです。そんなものが投資で役立つのだろうか、とずっと疑問だったのですが、安達さんとしてはチャートにのっとった投資方法をどのようにお考えですか。

安達　私個人としては、毎週末や毎月末に販売されているような日次や週次、月次での株価チャートを用いて将来の株価を予想するのは、相当な才能や技術を要するもので、能や歌舞伎といった伝統芸に近いのではないかと思っています。

また、日本では江戸時代から米相場の取引にチャートが用いられており、チャートの読み方には、古い伝統としきたりがあるようです。そのようなチャートの読み方には、マニュアルにはない「深い」方法が一子相伝に近い形で存在する、という話を聞いたことがありますが、実際そういうものが株式投資によってどの程度の利益を稼ぎ出したかを私は知らないので、それ以上は申し上げられません。

ただ株価チャートについては一つ、思い出深いことがあります。証券会社に入社した最初の頃、私は経済学の理論などまったく役に立たないと思っていて、ひたすらチャート分析の手法を勉強していました。するとある日、アメリカから帰国した上司が私の様子を見て、何気なくチャートを手にし、「このチャートが今度どういうふうに動くか予想してみなさい」と言うのです。

私はいろいろなチャート分析の手法を用いて予想してみましたが、まったく当たりません。首をひねっていると、上司は笑いながら、「これは、コンピュータ上で仮想的にシミュレーションした結果で、予測値はその時々でランダムに変わるんだよ」と言ったのです。

それを聞いて愕然《がくぜん》としましたね（笑）。つまり、そのチャートはコンピュータ上で乱数を発生させていたにすぎなかったのですが、いわゆる「マニュアル的な」チャート分析の手法で眺めると、明らかに意味のある特定のパターンを示しているように見えたのです。

でも実際は、ただそう見えていただけで、何の意味もパターンもないものでした。

ファイナンスの世界では、株価もランダムに動くことが統計学的に検証されていますので、コンピューター上で発生させた乱数と同じような動きをするといえます。
その時、私はチャート分析というのは随分、恣意的なものだなと感じたのです。その上司は、浜田先生もご存じの、ある高名な「経済学オタク」の方だったのですが、それ以降、私も経済学を学習したほうが役に立つと思い、現在に至るわけです。
浜田 ああ、なるほど。
安達 ただし、最近では状況はやや変わってきています。1日のなかでの推移、すなわち1分ごとの株価のチャートを利用した短期的な取引を行い、単純な「マニュアル」に近い株価チャート分析で利益を上げている人が存在しているようです。それは、高速自動取引（High Frequency Trading／通称ＨＦＴ）と呼ばれる投資法をとっている人たちです。
高速自動取引とは、高速処理のコンピュータを駆使し、市場の動向を瞬間的に見極めながら、独自のプログラムにもとづいて１０００分の1秒単位で売買する方法です。
そのプログラムには、チャートの形や株式の取引高など、分単位で入手可能なデータの変動パターンと株価の関係を示す統計式があらかじめプログラミングされていて、株価が利益を上げることができる水準に入ったことを示すある判断基準に到達すると、自動的に株式を売買できるような仕組みになっています。
浜田 そこには株価チャートの知恵が入っているんですか？
安達 はい。高速自動取引のプログラムには、チャートの情報が入っていたり、最近では

「テキストマイニング（データの山から価値のある情報を掘り出す）」といって日銀や財務省の高官などの発言をあらかじめ入力しておき、この言葉が出現したら買うとか、このキーワードが出たら売るといったことも可能です。そのようにして人力では追いつかない速度で、自動的に取引を行っています。

この投資の方法には、企業業績などのファンダメンタルズは一切考慮に入れられておらず、過去の統計的な情報のみにもとづいて、頻繁に売買を繰り返していくものです。その意味で、新手のテクニカルトレード（チャート分析にもとづく投資法）と考えてもいいものだと思います。

高速自動取引は、効率的市場仮説の穴をつく方法なので、チャート分析の手法を用いるテクニカルトレードのなかでは、比較的効果を発揮しやすい投資法といえるでしょう。

いずれにしてもチャート分析が好きな人は、プロアマ問わず、多いように思います。その理由はよくわかりませんが、一つには「株価チャートの見方」的な本は、株価上昇が比較的きれいにパターン化されているため、あまり頭を使わなくても儲けられるように見えるからだと思います。

ただ繰り返しになりますが、簡単なパターンであればあるほど、現在の株価にあっという間に反映されてしまうため、過去の株価変動のパターンは将来の株価を予想する道具にはなり得ないというのが実情だと思います。

儲けるには分散投資がいい？

浜田　チャート分析のことはよくわかりました。では、投資に対する私のもう一つの疑問についてお聞きします。現在の経済学やファイナンスの基本的な理論では、「分散投資を行えば、儲けは少なくなるかもしれないが、リスクは小さくなる」ということで、これを薦めることが多くなっています。

これはハリー・マーコウィッツ（1990年に「資産運用の安全性を高めるための一般理論形成」によりノーベル経済学賞を受賞した経済学者）の証券論の研究を、私の師であるジェームズ・トービンが、マクロ経済学の貨幣需要の問題の研究に応用して成果を上げたものです。実際の投資の現場では、分散投資はどのように受け入れられているのですか？

安達　投資対象の銘柄を分散させる分散投資は、少なくともプロの投資家の間では常識だと思います。

一方、個人投資家の場合、資金的な制約から、株式投資などでたくさんの銘柄を保有することが難しいので、分散投資を行うために投資信託に投資しているケースが多いです。投資信託は、小口の個人投資家の資金を集めて一つの大きな資金にして、その資金でたくさんの銘柄を買い（分散投資）、その利益を小口の投資家に配分するという仕組みです。

少し本題とは逸《そ》れる話になりますが、分散投資に限らず、投資家が何をどう考えて投資をしているかを見る場合、まず個人投資家と機関投資家を区別しておくことが重要です。両者は必ずしも同じ視点や方法で投資を行っているわけではないからです。

日本の個人投資家は、分散投資によってリスク管理をしようという発想自体が希薄であるように思います。それはバブル崩壊以降、日本株が傾向として下がり続けてきたという事情があるからです。

先ほど、分散投資ができない人のために投資信託という商品があると言いましたが、投資信託を購入した場合、その投資信託が購入した株式の管理料を払わなければならないことが多く、これに売買手数料を加えると、費用だけで投資額の３％程度をとられてしまうことも多々あります。

つまり投資信託で儲けるためには、投資信託の運用会社に、少なくとも５％程度の利益を毎年コンスタントに出してもらわないといけないのですが、これまでは特に日本株だけの投資信託となると、なかなか難しいのです。

分散投資は、全体として上がり調子の時に行えば、なかには下がる株もあるけれど、総体的には儲かる、という形で利益を上げていく方法です。しかし、全体が下がり続けている時に分散投資をしてしまうと、なかには上がる株もあるけど、ほとんどの株が下がってしまったとなるのが必定なので、なかなか利益を上げるには至りません。

結果、日本の株式市場において利益を上げるなら、いっそのこと、大きく上がりそうな株を一本釣りしたほうがいいのではないか、と個人投資家の方が考えてもおかしくないのです。すると必然的に、その株の調子がいい時は問題なくとも、悪くなった時には大きな損失になってしまうというケースが多くなります。

浜田　株式投資も分散投資も、日本で盛り上がらなかったのは当然の話だったのですね。そういう意味でいうと、為替にしても、長年円高傾向にありましたからね。単純に円高の時に買って円安の時に売ろうにも、それが可能かどうかはわからない。日本国内のどの角度から見ても、日本の市場は魅力的な投資先ではなかったわけですね。

ちなみに、文学者として有名な邱永漢《きゅうえいかん》氏の書物に、分散投資は薦められないと書いてあったのですが、資産選択論の一切を無視した主張だったので驚いた記憶があります。

安達　バブル崩壊以降の日本の株式市場と為替市場は、国際的に見ても特殊なケースになっていたと思います。他の国であれば、株は基本的に上昇トレンドのなかで売り買いされるので、多大な収益機会に恵まれていました。

金融工学の世界では、株価はランダムウォークする（上がるか下がるかはほぼ同じ確率で発生するため、予測のしようがない）といわれます。しかし、海外においては、短期的には上下動を繰り返しているように見えても、それはあくまでも長期的な上昇トレンドを前提としたうえでの話です。ですから、あまり深く考えずに株式を保有していたとしても、投資による収益率は絶えず上がっていったのです。

その意味では、これまで日本株で分散投資をするのは下手なやり方でしたが、海外の市場においては、分散投資はかなり効く投資方法であったわけです。

つまり、株式投資が安定的な収益機会ではなく、極めて博打性の高い投機というふうにとらえられていた日本では、投資活動が文化的にも根づかなかったのだと思います。

浜田 結局、日本で価格が上がり続けてきた国債だけが魅力的な投資先になっていて、だからこそ債券市場で働く人が増えた。債券トレーダーの発言権も必要以上に増えた。そしてアベノミクスで債券市場の利益が減ってきたら、今度は債券市場の関係者たちがアベノミクスの強力な抵抗勢力になった、と。すべてがつながっているわけですね。

なぜ日本の機関投資家はアベノミクスで株を売ったのか

安達 さらに補足させていただきますと、冒頭で浜田先生がおっしゃっていた「なぜアベノミクス発動初期の、投資家にとって一番おいしい時期に、アメリカ人に利益を持っていかれてしまったのか」、そして「その時、日本の投資家は何もできなかったのか、あるいはしなかったのか」という話ですが、私は日本の資産運用業界の構造的な問題によるところが大きかったと考えています。

浜田 どういうことでしょうか?

安達　これは、いま話題のＧＰＩＦ（年金積立金管理運用独立行政法人）にも絡んでくる、けっこう壮大な話です。ＧＰＩＦというのは、厚生年金や国民年金の積立金を運用している厚生労働省所管の独立行政法人のことです。

この本を読まれているみなさんの老後の年金支給額は、このＧＰＩＦの運用によって大きく影響を受けているわけですから、直接多くの人に関わってくる話として耳を傾けていただきたいと思います。

ＧＰＩＦのポートフォリオ（運用資産の構成状況）には、基本ポートフォリオと呼ばれる決められた資産配分があります。２０１４年10月末までは、ＧＰＩＦの資産配分は、国内債券が60％、国内株式が12％、外国債券が11％、外国株式が12％、短期資産が５％でなければならないと定められていたわけです（ただし、ある一定の幅で多少の上下動はしてもよいとされている）。

ここで問題となるのは国内株式、つまり日本の株には、ＧＰＩＦの資産を12％しか振り向けてはならなかったことです。２０１４年11月の時点で、段階的に日本株の購入を増やしていくことになりましたが、なぜ12％が問題だったかというと、ＧＰＩＦに投資を委託していない、他の企業年金のポートフォリオの基本的な資産配分も、このＧＰＩＦの資産配分を参考に決められているからです。

浜田　ＧＰＩＦにだけではなく、たとえば一般の企業年金にも、そんな縛りがあるんですか？

安達　意外と注目されませんが、そうなんです。私は、これがアベノミクスの初期から現在に至るまで、日本の投資家が日本株から利益を上げられなかった原因の一つでもあると考えていると同時に、日銀の金融緩和の効き方があまり大きくない理由ではないかと思っています。

アベノミクスの初期の頃、日本の株価は一気に5割以上も上がりました。

しかし日本株が上昇を始めた段階で、日本の年金基金を中心とする機関投資家は、こぞって日本株を売る行動に出たのです。なぜそんなことが起こったか、GPIFの例でいえば、日本株への投資は資産の12％までという縛りがあったからです。日本株の値段が上がってしまったら、資産に占める日本株の割合が簡単に12％を超えてしまいます。ですから、本当は大きな利益を上げられるはずだったのに、そのタイミングで日本株を売りに出したのです。

浜田　なんともおかしな話です。私の身近な例を挙げますと、私のイェール大学の年金は、TIAA－CREF（全米教職員保険年金協会・大学退職年金基金）で運用されています。

TIAAが債券を、CREFが株式を組み入れています。この年金基金は、投資する個人がリスクの度合いを選べるようになっていて、私はおそるおそる半々にしていました。しかし大学の友人には、TIAAを4分の1、CREFを4分の3にする人もいて、通常の年は、いつも友人の成績のほうがよかったのです。

しかしリーマンショック後は、おそらく半々のほうが安全だったでしょう。

とはいえ、10年、20年とならしてみると、株式の比率を多くしたほうが、長期的には運用利回りは大きくなることになります。このことからも、GPIFのポートフォリオの縛りは驚くばかりです。それにしてもなぜ民間企業にそのような縛りがあって、儲けの機会を失わなければならないのでしょうか？

安達　これは厚生労働省が、リスクを過度にとるような無茶な資産運用をしないように指導をしたところから始まっていると思います。

たとえば、株式の銘柄の選択に際しては、「なぜその株を買ったのか」をきちんと顧客に説明できるように、ある一定規模の企業調査や経済調査をしておかなければならない、とされています。

また、実際の運用方針は、運用委員会なる組織で話し合いを行い、きちんと議事録をとったうえで実行するように指導されています。

これは法律ではないのですが、そういった規制をちゃんと遵守しているかどうかは、「年金コンサルティング会社」がチェックし、運用先としてどの程度適切であるか格づけを行っています。その格づけを見て、年金基金は民間の運用会社に資金を委託するという仕組みになっています。

また、GPIFから資金を預かっているという事実は、その運用会社にとっては「勲章」のようなものになります。GPIFから運用委託を受けていることが「立派な運用会社」というブランドイメージにつながり、他の企業年金などから多く資産運用の委託を受けることができるのです。

浜田　そうすることで、厚生年金基金等を厚労省のコントロール下に置き、役人の権限を保っているという側面もあるのでしょうね。

安達　そういう面もあると思います。とはいえ一番の問題はやはり、12％という規制があったために、利益の上げ時をみすみす逃してしまったということでしょう。

そしてこのような一連の規制があるために、日本の各種年金を運用している機関では、自由な投資スタイルで力を発揮するトレーダーが活躍できなくなります。それは、優秀な人材が年金の運用に携わらなくなっているということでもあります。規制でがんじがらめになっているため、投資判断も遅れる始末で、二重三重に日本の年金の運用体制は問題だらけになっていると思います。

ＧＰＩＦと株価との関係

浜田　もっとも保有基準が緩められると、株価が大幅に下落した年は、年金の元本が減ることも投資家は覚悟しなければなりません。

しかし、ＧＰＩＦを筆頭に、日本株の保有率を12％以下に抑えるという条件はきつすぎる。その理由は何でしょうか。

安達　日本株が長年下がり続けてきたことで、自動的にそうなってしまったのでしょう。公的年金は、国民の大切なお金で損を出すわけにはいかないということで、損が出る可能性が低い資産（国債）への投資比率が高まっていったという事情があるのだと思います。ですから、その思考自体がすべて間違いということではないとは思います。

しかし、日本株保有率12％という縛りによって大きな収益機会をみすみす逃したことで注目を浴び、非難の声も上がってきています。

さらに前述のように、GPIFの保守的で基本的な資産配分は、日本人投資家のリスク資産への投資意欲を抑制し続け、せっかくの日銀の金融緩和の効果を削いだのではないかと考えています。

日銀の金融緩和の効果は、円安の実現という形で発現した可能性が高いですが、株高による資産効果も、個人消費の拡大という面ではそこそこ影響があったと思います。

ただ日本人投資家が金融緩和に際して、もっと株式の購入スタンスを強めていれば、株式の新規発行の増加等を通じて、企業の設備投資をもっと積極化させていたかもしれません。

その意味では、GPIFの過度のリスク回避的な投資行動は、日本のデフレ解消のスピードを落とした可能性があり、それゆえアベノミクス第2弾では、GPIFの資産配分の変更が成長戦略の一つとして挙げられ、政府がGPIFに日本株の積極購入を促すことにつながったのではないかと思います。

浜田　ＧＰＩＦが動くとなれば、日本の株式市場に影響する規模のものになるんでしょうね。

安達　そう思います。このＧＰＩＦの問題は、日本で投資に携わっている人たちが金融政策の経済波及効果について実際のところ、ものすごく疎かったことを露呈した、いい例だったと思います。

ＧＰＩＦの資産のうちの日本株の割合を引き上げ、逆に日本国債の保有比率を下げるべきだと主張していた筆頭は、公的・準公的資金の運用・リスク管理を見直す政府の有識者会議で座長を務めた東京大学大学院の伊藤隆敏教授でした。その伊藤先生たちの提言に対して、実際の運用を管轄するＧＰＩＦと厚労省の幹部は慎重な見方をとっていたといわれています。

公的・準公的資金の運用・リスク管理を見直す政府の有識者会議には、直接ＧＰＩＦの投資スキームを変更できる権限はなく、運用の監視と助言のみがその役割です。その構図のなかで伊藤先生は「日本銀行が金融緩和を頑張ったから、長年日本経済が苦しめられてきたデフレからも脱却しそうな勢いである。そうであるならＧＰＩＦのポートフォリオも日本国債を多く保有し、日本株は少なく保有するデフレ対応のものから、日本国債の保有を減らし、日本株の保有割合を増やすインフレ対応型のものに変えるべきである」という提言をされました。

それに対してＧＰＩＦ側が、「本当に日銀の金融政策が成功するかどうかはわからないので、保有割合の変更はリスクが高い」としてなかなか日本株のウェイトを引き上げなかったというのが、今回報道ベースでもGPIFが大きく取り上げられることになった真相です。

結局のところ、この問題の本質は、GPIF幹部の人たちも、日本の多くの識者やマスコミと同じく、金融緩和の効果を軽視していたことにあると思います。

本書で述べてきた通り、識者やマスコミの人たちは誤った説を広めることで、日本のデフレを間接的に長引かせてきたという側面があるでしょうが、GPIFの場合、現実に収益の機会を逃したという意味で、直接の実害が生じた例だったのだと思います。

浜田　医学を知らない役人が日本経済という患者を治療していたというわけですね。GPIFの日本株の保有率に限っていえば、結局24％に保有比率を上げるという話で決着したわけですが、そういう細かい話よりも、基本の金融政策の効果の理解がないことが一番の問題ということですね。

安達　その通りだと思います。私は、これから日本株が、アベノミクス直後のように5割も上がる局面はそうそう来ないと思っています。そのうえで、このまま大きく下がらず、消費増税騒動を乗り切り、金融緩和がうまく発動され続ければ、常識的な範囲で緩やかに日本株は上昇し続けると考えています。

GPIFの規制には、他にも空売りはできず、株は買いから入らなければいけないというものがあり、株が下がっている時には、なかなか収益の機会が得られない構造になっています。

また、運用を外部の運用会社に委託しているのですが、これまではその委託先は、前の年に運用益のよかった会社が選ばれていたようです。当然ながら、昨年運用益がよかった運用会社が今年も運用益がいいとは限りませんから、公的年金の運用戦略としては奇妙としかいいようがありません。こうした規制は細かいことのように思えるかもしれませんが、積み重なれば大きな弊害となっていきます。

ですから、これらの規制を緩和し、もっと実効性のあるスキームに変更すべきという課題は依然として残されています。

そして、まともな構造になったあとには、金融政策の効果を理解し、確実な運用益が得られる方法で伸縮的に投資を進めていく必要があると思います。

マクロ経済学の専門家がほとんどいない日本

浜田 GPIFの問題には、日本人による金融緩和の効果への無理解が大きくはびこっているのですね。

しかし、まだ納得できないことがあります。一般の人たちやマスコミの人たちに金融緩和の効果が理解されないことは、残念ではあるものの、ある程度納得できます。

ただ、まがりなりにも金融関係の専門家・実務家であるはずの日本の市場関係者の人たちは、なぜこれほどまで金融政策についての理解と関心が薄いのでしょうか。

バブル崩壊以降、日銀の金融政策の失敗によって株価がどんどん下がったことは明白です。証券論の基本を知らない投資家も、にわか投資評論家になって、うんちくを語ることができるような状況でした。ですから、そういった人や証券会社の関係者たちから、これまでの日銀の政策に対する不満の声がもっと聞こえてきていいような気がするのですが。


安達 そもそも日本では、個別株の動きに、日銀の金融政策なんて関係ないととらえられていたからではないかと思います。つまり関心を向けるべきは、今後その企業の業績がどうなるかということや、その企業のキャッシュフローはどうなるか、もっと極端なケースでは、社長がいかにうまく夢を語るかといったようなミクロな話ですべてが決まると考えられているふしがあります。その結果、情報提供を受ける個人投資家も、関心事がどの企業の業績がいいかとか、どんなキャラクターの経営者かなどという、ミクロすぎる事柄に終始するようになっていました。

マクロの経済政策の効果を正しく理解している市場関係者は稀であるどころか、ほぼ皆無なため、日本はマクロ経済に対する後進国になってしまっているのです。

とはいえ、さすがに最近は、株式投資まわりの市場関係者たちの認識も変わってきているようです。

浜田 それはソロスを筆頭とした大きなヘッジファンドが、マクロ経済を分析したうえで投資を行い、しっかり利益を上げているということが広まってきたからですか？

安達 そうですね。加えて実際にアベノミクスで株価が一気に上がるさまを見たというのが大きいのではないでしょうか。特に為替市場では、金融政策による影響は非常に大きいとの認識が、一般的なこととして人口に膾炙《かいしゃ》し始めているように思います。

ただし、日本の〝一流〟といわれる経済学者は、為替の円安は偶然に起きたことで、日銀の金融政策とは何の関係もないと言っていますが。

アメリカ人に利益を奪われないために

安達 日本では、投資は競馬やボートレースと同じようなものと考えている人がまだまだ多いという状況ですから、株式投資などで資産を増やすとか貯蓄を増やすという発想にはなかなか至らないでしょう。

浜田 日本の人たちがそういった感覚を持っていることはよくわかります。競馬やカジノは、運営費を引けば、ギャンブラーにとって完璧なマイナスサムになる構造を持っているからです。

日本の株価は、これまで長期にわたって下がり続けてきたわけですから、ゼロサムゲーム以下の収益しか生まなかった構造です。多くの人にとっては、下手すれば賭け事よりも利益を上げられないものとして映っていたかもしれません。

他方、海外における株価は、基本的に国の経済成長にあわせて上昇し続けるもの。賭けなどとは違い、うまくやれば確実に利益をもたらすことのできるプラスサムのゲームだったわけです。そういう認識のもと、投資に慣れている海外の人が、アベノミクスの初期の頃に日本株で利益を持っていったのは、非常に合点のいく話です。

だとすれば、これから日本人が株で利益を上げていけるようにするには、この本でお話ししてきた、マクロ経済に対する理解が役に立ちます。そのうえで今回の金融緩和の効果が永続的に続くという信頼感を醸成する必要があります。

安達　はい。私もそう思います。

ソロスは金融政策に呼応した投資をしている

浜田　先に少しだけ触れましたが、ソロスなどがグローバル・マクロ運用を行う場合にやっているように、一般の投資家の人たちであっても、本来はまず株や為替の動きをマクロ経済学の視点で眺める必要があると思います。
安達さんは、マクロの視点から眺めた時、今後、日本の為替はどう推移していくとお考えになりますか？

安達　マクロの視点から為替の動きを予想する場合に使うツールは、「購買力平価」と呼ばれるものです。

浜田先生はもちろんご存じですが、読者のみなさんのために改めて説明すると、購買力平価とは、「２国間で同じ商品を買う場合に、双方の国民が同じ値段でその商品を買える水準にまで、（その購入を仲介する）為替レートが変動する」という為替レートの決定理論のことです。たとえば、アメリカで売られているハンバーガーが１ドル、日本で売られているハンバーガーが１００円だとすると、為替レートは１ドル＝１００円程度になります。この考え方を、アメリカと日本の物価全体に適用したものが購買力平価です。

この購買力平価による適正な為替レートの算出方法は、オーソドックスなマクロ経済学の教科書には必ずといっていいほど書かれていることであり、この理論を否定する経済学者はほとんどいません。

真偽は定かではありませんが、ソロスは、ソロスチャートと呼ばれる「各国の中央銀行の通貨供給量の比にあわせて為替レートは動いている」とする理論で、為替レートの動きを見ているとされています。

実際、各国の物価は、中央銀行の通貨供給量が変化し、予想インフレ率が変化したあとに変動する、ということが起こっています。

つまり、購買力平価とソロスチャートの考え方は、現実として表裏一体のものになっている

図25　ドル／円レートは購買力平価に近い動きをしている

出所：FRB、米商務省、日本銀行データより作成

といえるのです。

浜田　ソロスに会った時、直《じか》に聞いたことがあります。「あなたがソロスチャートで為替の動きを見ているというのは本当ですか？」と。すると彼が「ソロスチャートというものは聞いたことがない」と答えたので（笑）、厳密には違うものを使っているのかもしれません。

ですがアベノミクス発動直後のソロスが、中央銀行の金融政策に呼応した動きを見せていたのは明らかなので、当たらずとも遠からずの方法を用いているのは間違いないと思います。

為替レートの動きを予想する

安達　ソロスに直接、ソロスチャートについてお聞きになったのは、浜田先生が世界で初めてではないでしょうか（笑）。それで日米間の購買力平価の推移を図示すると、図25のようなものになります。これは、日米の国内卸売物価（日本では国内企業物価、米国では生産者物価）ベースでの購買力平価の推移です。

この図には、実際のドル／円レートの推移も書き込んでいますので、為替レートが概ね購買力平価に近い形で動いていることがわかります。そして、この図から何を読み取るかが重要になってきます。

浜田　購買力平価は長期の為替の動きを読み取るためのもので、短期の変動について読むための指標ではないですからね。

安達　購買力平価との関係でいえば、過去のドル／円レートは、ほとんどの場合において、購買力平価から上下20％の円高、円安の範囲内で動いてきました（図25参照）。

現在の購買力平価の水準が1ドル＝１００円程度なので、過去の経験則、しかも現在の変動相場制が始まって以来、40年以上続いている経験則から考えると、現状の1ドル＝１２０円あたりが円安の上限に近いと考えます。

もちろん、それ以上の円安になることも確率論的にはあり得る話です。ただ過去において、この「購買力平価から20％が円高、円安の上限」という経験則から外れた局面では、円高、円安のデメリットが極めて大きく出たという特徴があります。

円安に限っていえば、購買力平価から20％以上の円安だった時期は１９７１年と１９８１年くらいです。この時期には二度の石油危機を経験しているようにインフレが高進するなど、日本経済にとっては必ずしもよい年ではなかったと考えられます。

当時は、やがて日銀による金融引き締めが実施され、ドル／円レートは円高に振れていきましたが、今回も、この購買力平価の上限を突き抜けて円安が進行するとなると、そろそろ、「円安は日本経済にとってメリットだ」とばかりは言えなくなってくると思います。

逆にいえば、円安の弊害が見えてきた時点で、為替市場は円安から円高への転換を見るようになるのではないでしょうか。そういう意味で1ドル＝120円というのは、ドル／円相場としては、そろそろ「いいところまで来た円安水準」ではないかと考えています。

浜田　ソロスらは、そういった指標の理論値から、現実の為替レートが大きく乖離する時に大きく賭け、短期のうちに莫大な利益を上げて去っていく方法をとっているということですね。

安達　実際、米「ウォール・ストリート・ジャーナル」の2013年2月14日の記事で、ソロスが2012年11月以来の円安に賭けた取引において、10億ドル（約930億円）近い利益を得たと報じられています。この例を考えると、少なくともソロスは、アベノミクスによって大幅な円安が起こることは、完璧に把握していたことになります。

また、内閣官房参与になられた浜田先生にコンタクトをとり、なおかつ安倍首相自身にも会っているところを見ると、ソロスは金融政策の動きを真剣に探っているということです。

どれぐらいの規模の金融政策が行われ、それによってどれだけ為替や株が動くかの推計値は絶対に持っているでしょうから、マクロで見た場合の理論値と、実際の株と為替の理論値の乖離には、常に注意を払っているのは間違いないと思います。

浜田　日米の金融政策、つまり金利差によって為替が決まるという見方についてはどうですか？

安達　もちろん、日米の金融政策や金利の差も為替には反映されます。ただ、現在の日銀の金融緩和と、２０１４年後半のＦＲＢによるゼロ金利政策解除というのは、すでに相場に織り込まれていると思います。ですので、日銀の追加緩和や、ＦＲＢの加速度的な金融引き締めなどがなければ、さらなる円安は難しいのではないかと考えています。

浜田　結局、日本人が投資の世界で適正なリスクがとれるようになるには、マクロ経済についてきちんと勉強することが必須のようですね。そのうえで個別株の動きを勉強するといった方法が正攻法になるでしょうか。

安達　そう思います。様々な経済政策が与えるマクロ経済への影響を知らずに投資を続けるのは、収益の機会を運に任せるようなもので、非常に危険だと思います。

とはいえ、マクロ経済の動きを正しく読めたとしても、必ず投資に勝てるという話でもないのが玉に瑕《きず》ですが、マクロの動きを知らずに投資を続けるのは非常に危険で、痛い目にあうのは時間の問題でしょう。

浜田　だとしたら、本書がそういった、あまりマクロ経済を勉強してこなかった投資家の人たちにも役に立てると一番いいですね。

この対談で、株式投資をほとんどやらない私にも、株式と為替に関する最新の理論と市場のノウハウを教えていただき、とても勉強になりました。ありがとうございます。

終章

世界が日本経済をうらやむ日

日本ほどいい国はない

現在、消費増税の負の影響を除けば、金融政策は非常によく効いている。このことは2014年のハロウィーンの日（10月31日）に行われた黒田日銀総裁による金融緩和が、為替市場にも株式市場にも急速に効いたことからも明らかである。

今後も正しい金融緩和政策がとられる限り、実質GDP成長率が潜在成長力にさらに近づき、景気も改善し続けるだろう。

こうして望ましい経済成長が1年、2年と続くと、やがて日本の潜在成長力は上限にまで達するかもしれない。そして、その時は失業者が今以上に減っており、完全雇用に近い状態になっているだろう。

しかし、（需要不足が解消されることになる）完全雇用が達成されても、（景気はよくなるが）日本経済のすべての問題が解決するわけではない。

完全雇用に近い状態になると、財政刺激や金融緩和を行っても、実質GDP成長率は増加しにくくなる。そのため、それ以上の成長を目指すためには、潜在成長力を上げる必要がある。したがって民間企業が経済活動を自由に行える環境を整えるための「成長戦略」が非常に重要になるのだ。

成長戦略には多くの政策があるが、あえて要約すると、「規制緩和」「女性の活用」「TPP

の推進」「大幅な法人税減税の実施」の4つの柱になる。それぞれについて説明しよう。

1　規制緩和

過去34年間、一部の医療関係者の反対によって、医学部の開設は一校も認められていない。また、羽田空港に国際線が発着すると、都民（そして私のようにしばしば外国に飛ぶ者）は大いに助かるが、羽田便を増やすなという千葉県議会の抵抗があったという話が新聞に出ていた。さらに日本の農業は事実上、法人経営ができない仕組みになっている。

こういった政府の規制は、氷山の一角にすぎない。細かな規制が民間企業の経済活動を阻害し、発展の邪魔をしている。これらは日本の大きな損失になるのである。

身近なところを考えても、日米両方に経済の本拠を置く私が、日米間で預金を移すのにすら年々制約が強まっている。金融市場のグローバル化を妨げるような規制が、金融庁によって行われているのだ。

私は内閣官房参与として諸外国への出張も必要となるが、会計当局がすべての規則を国内出張と同様に当てはめようとするので、同じ空路の領収書を二重に提出させられたりする。

会計当局はお金を持っているので、大学でもお役所でも、他の部局に比べて強い権限を持つ。そのため私なんかは経済外交の本務の準備に使う時間と同じぐらいの時間を、会計当局を満足させるための事務量にとられることとすらある。

私は、ニューヨークの外国人向けの説明会で話をした時、「行政改革は、会計検査制度の改革から始まる」と口走ってしまったが、偽らざる本音である。

ケネディ元米大統領がイェール大学で行った有名な演説に、「国に何をしてもらおうかと問わずに、国に何をしてあげられるかを問え」という一節がある。この言葉を私流に言い換えるならば、「政府に何をしてもらうかを考えずに、政府がやらないでもすむのは何かを考えよ」ということになる。

安倍政権は、規制改革をさらに推進していくべきである。

2 女性の活用

少子高齢化が進むなかで、出生率を上げることはもちろん必要だが、それによって働き手の数を増やすのには20年以上かかるだろう。

だからこそ日本では、女性の活用が重要な課題である。諸外国と比較すれば、日本女性の就業率は、今の状態から10%ぐらいは上がる余地がある。それを向こう5年間に実現するだけでも、少子高齢化による就業者不足に対する短中期的な解決には役立つ。

「子育てと両立できるのなら働きたい」——そう考える女性の数は、現在の日本では決して少なくない。したがって、まずは女性が安心して働けるような環境を整えること（同時に好景気を持続させ、女性にも多くの職がある状態を保つこと）が重要である。

より本格的な改革は、外国人労働者をアメリカのようにうまく利用することであろう。

とはいえ、これは日本の文化、社会の根幹に触れる問題であるので、我々経済学者が安直に「受け入れなさい」と言えるものではない。外国人労働者を受け入れるかどうかは、選挙民が自ら決断すべき性質のものである。

3　TPPの推進

ＴＰＰの推進も成長戦略の重要な柱である。国同士の関税を引き下げ、貿易のハードルを低くすることは、日本経済が貿易による利益を享受するために欠かせないことである。

一方で、「米の輸入は認めない」など、輸入だけ規制するのは筋が通らない。浅川芳裕氏の『日本は世界第5位の農業大国』（講談社＋α新書）によれば、日本には輸出できる有望な農産物がたくさんあり、日本食ブームの昨今、質のよい新鮮な野菜や生花などを世界に向けて売っていけば、大きな産業に育ちうるという。

そもそも日本は米の輸入に７００％以上の関税をかけているため、日本人であっても世界の水準から8倍ほど高い値段でしか米にありつけないのである。

そのうえ農林水産省は、米の値崩れを防ぐために「減反政策」を行ってきた。これは「休耕地にしてくれれば補助金をあげるから、米の値段を上げてくれ」と、農水省が税金を使って指導しているようなものである。知れば知るほど、日本国民は米の過剰保護によって自らの首を絞めていることがわかる。

農業保護政策は農家のためとは限らず、むしろ農協や農林官僚のためにも行われている場合が多い。

TPPにおいて米を聖域にせず貿易を自由化していけば、日本にも必ずその恩恵がもたらされるはずである。

国家間の経済取引、すなわち貿易によって比較優位の原則が働けば、2国間、ひいては世界経済に大きな利益がもたらされることは、経済学の初歩の知識である。

4 大幅な法人税減税の実施

各国が法人税率の引き下げ競争を行っているなかで、日本も他国並みに法人税率が低くなるよう、改革を断行するべきである。

アベノミクスを長期にわたって機能させるには、日本企業を海外に向かわせ、外国企業を締め出すような法人税制であってはならない。それでは労働市場が活気づかず、さらなる雇用機会も生まれず、株式市場の持続的な活況も望めないからである。

法人税率を下げると、税収が減って困るのではないかと考える人もいるかもしれない。

しかし、伊藤元重氏など経済財政諮問会議の民間議員が提示しているように、欧州諸国の法人税の平均が1998年の36・9%から、2007年に28・7%に引き下げられたにもかかわらず、欧州諸国の名目GDP中に占める法人税収は、2・9%から3・2%に増加している。これは「法人税の逆説」と呼ばれる現象であるが、理論的に考えれば至極当然の話で、「逆説」ではなく「正論」である。

租税競争下では、各国とも相手国よりも税率を下げて投資を呼び込もうとし、自国の投資が相手国に逃げないようにする。「あっちの水は苦いぞ、こっちの水は甘いぞ」という童謡「ほたるこい」の世界が成り立つのである。

しかし、小刻みの法人税減税では、企業の行動にほとんど影響を与えないだろう。相手国の税率引き下げに対抗した大幅な減税によって、日本への投資をうながし、歳入ベースの拡大を狙わなければならない。具体的には、現在35%である法人税を、短期間に少なくとも20%台〝前半〟にまで引き下げなければならない。

＊　＊　＊

このような4つの施策を成し遂げるのは、相当難しい。

官僚は規制があるからこそ、その権威と権力を保っている側面がある。にもかかわらず規制緩和を断行することは、その鎧《よろい》を脱がせる行為に等しく、様々な既得権を持つ団体からの強烈な抵抗が予想されるからである。

だから日本に限らず、どの国であっても、構造改革、規制緩和は至難の業である。アメリカのオバマ大統領でも、移民法案を可決させたり、ＴＰＰを実現するには難関に次ぐ難関が控えている。多くの国民が必要と考えても、一部の強い抵抗のある「銃砲規制」のことはあえて言わないまでも。

しかし、日本では２０１４年12月の衆議院選挙により、安倍内閣が国民からアベノミクス断行への十分な負託を受けたことは心強い。安倍首相が不退転の覚悟で事に臨めば、４つの施策は実現できる可能性が出てきたのではないかと私は期待している。

成長戦略と構造改革の、仮に全部でなくても8割がた実現できれば、日本経済はさらに飛躍するだろう。

そうなれば「世界が日本経済をうらやむ日」が間違いなく訪れるのである。

私はアメリカから帰国するたびに、日本は本当にいい国だと感じている。日本国民はとてもまじめで、思いやりもある。安全で環境も美しく、公衆衛生も整っており、空気と水もどこに行ってもきれいだ。こんなにいい国は他にないのではないかとさえ思う。

２０１１年3月の東日本大震災時には、被災地で日本人が黙々と復興に励み、前向きに生きていく姿がアメリカのテレビにも映し出された。暴動もなければ捨て鉢になる人もいない。被災地の取材に入った米ＡＢＣテレビのキャスター、ダイアン・ソーヤーに対して、被災地の人が、自分がすごく大変な状況にもかかわらず食事を分け与えようとする姿は、多くのアメリカ人の涙を誘い、心を打った。

日本は、イギリスのＢＢＣが毎年行っている国別好感度調査の「世界によい影響を与えている国ランキング」で２０１２年に1位、２０１３年に4位、２０１４年に5位と、常に上位にランクインしている。

２０２０年には東京でオリンピックが開催されるが、日本を訪れた諸外国の方々はきっと日本のすばらしさ、そして日本人の紳士的、淑女的なふるまいに感動することだろう。ここまではっきりと、自国と自国民を世界に誇ることができる日本人は幸せだと思う。

２０１４年末の選挙で、国民は「アベノミクス」を信頼する判断を下した。国民から政府に投げ返されたボールが、次は政府に投げ返される番である。

これからは安倍政権が選挙民の信頼に応え、アベノミクス、特に成長戦略の第3の矢を遂行する番である。

安倍首相や菅内閣官房長官の発言に見られる、抵抗勢力に対する意欲は頼もしい。抵抗勢力がどんなに手強《てごわ》かろうが、日本のために構造改革、規制緩和を怠らないで続けてほしいと、心から願っている。

消費税の引き上げなど、国民はすでに犠牲を払っている。ＴＰＰが実現すれば、農業関係者にも何らかのしわ寄せが生ずる。お役所が規制改革で痛みを感ずるべきことはすでに説いた。

構造改革実現のためには、国民の各層が薄く広く何らかの犠牲を払わねばならない。企業は時代遅れとなった租税特別措置法（国税についての特例を定めた法律）の根本的な改革を我慢しなければならないし、政治家も納税者番号制度を着々と実現しなければならない。

日本がより豊かになるためには、構造改革の痛みを分け合って、国全体が効率よくなることが必要になる。総論賛成、各論反対では困るのである。

本書のタイトルは、『世界が日本経済をうらやむ日』であるが、もちろん、このままで桃源郷が生まれるわけではない。しかし、政府が改革に真剣に取り組み、国民が合理的な犠牲をお互いに分かち合えば、世界が日本経済をうらやむ日が実現する日も夢ではない。

あとがき

本書は経済学の本である。だから、小説や漫画のようにスラスラと簡単に読めないかもしれない。できるだけわかりやすく書いたつもりだが、一読しただけでは理解できないような難しいところも多少はありうる。

しかし、自分の知識を超えたところで読むのをやめてしまうと、経済の理解は向上しない。難しい内容に出くわしたら、自分の頭が試されているのだと思って、ゆっくり読み解いてほしい。東大にいた時のゼミでは、「自分の能力の限界を見くびらず、少しでも背伸びせよ」と教えてきた。

私がマクロ経済学を大学で教えていた頃、世界の国々は為替相場が自由には動かない固定相場制をとっていた。その頃は固定相場制を当然の前提とし、ケインズ経済学の教科書を使って、もっぱらＩＳ－ＬＭ分析（財市場と貨幣市場の均衡をグラフにして分析すること）やＡＤ－ＡＳ分析（財市場、貨幣市場、労働市場の均衡をグラフにして分析すること）を教えていた。

たまに私は多くの政界、官界の人、特に民主党内閣の閣僚たちから、「東大の駒場で先生の法学部向けの『近代経済学』を聴講しました」と言われて、はっとすることがある。私も、変動相場制への移行期に、金融より財政を重んずるマクロ経済学をその人たちに教えていたのだろうか、と……。

国民の幸せのために、昔のケインズ経済学を学んだ人たちも、変動相場制下のマクロ経済学を正確に理解してほしいのである。

若い頃に学んだ将棋の定跡は現在は変わっているわけだが、それは経済学でも同じである。以前、『将棋再入門』（米長邦雄・ひかりのくに）という本を読んで、「再入門」の意義を理解し、感動した記憶があるが、そういう意味で私は本書を『社会人のためのマクロ経済学再入門』だと思っている。政治家、官僚、経済人、報道人だけでなく、経済学の研究者にも本書のメッセージは有益ではないかと考えている。

2014年の秋にソウルで行われた「世界知識フォーラム」で、私は久しぶりに日銀の白川前総裁とお会いした。国民のためとはいえ、これまで一国の中央銀行総裁に対して私の言葉が過ぎていたかもしれないので、できたら仲直りをしたいと思って出かけたのだ。

ところが、フォーラムでのパネルディスカッションで白川前総裁は現役時代と同じく、「金融政策は時間稼ぎにすぎない」と繰り返した。さらに、デフレ傾向にあるのに利上げしてユーロ圏の沈滞をもたらしたと思われるジャン・クロード・トリシェ欧州中央銀行前総裁、そして韓国のウォン安政策を転換し、金融引き締めで韓国経済を低迷させた韓国銀行（中央銀行）の金仲秀《キムジュンス》前総裁とのパネルディスカッションでは、量的緩和の問題点や危険性ばかりを強調した。アベノミクス的政策に対する真正面からの挑戦であった。

そこで一聴衆であった私は思わず、「これでは日の目を見られない韓国国民がかわいそう」と前置きして話をしてしまったので、白川さんとの仲直りは達成できずに終わってしまった。

2014年の第3四半期のGDPが消費税引き上げの重圧で振るわなかったため、アベノミクスの第1の矢に対する疑念が時々聞こえてくる。

たとえば、秀才の誉れ高い、富士通総研の早川英男元日銀理事である。「金融政策ではインフレ目標は達成できない」と言うかと思えば、「急激なインフレを防ぐために、この辺で金融緩和をやめたら」などと言う。これらの意見は、昔の日銀とまったく同じ主張である。早川氏は「隠れ白川」なのかなと思ってしまう。

ただ、それはたいして驚かないにしても、「朝日新聞」だけでなく、「日本経済新聞」などの紙面に、早川説に対して、新聞記者等にシンパが多いことを示す記事が散見されるのである。友人は「安倍内閣が勝利した今、そういう記事は消失するから心配しないで」と言うが、私には日本を過去二十数年間の経済停滞の淵《ふち》に引きずり込もうとする動きに思え、心配でならない。

最後に、安達誠司さんは現代経済学の専門的知識を熟知し、それを日本経済に即して一般読者にわかりやすく説明できるたぐいまれな実務家である。私は読者とともに最近のヘッジファンドの動向や秘密などを学ぶことができた。私は安達さんと一緒に仕事ができて、楽しく有益で、貴重な時間を持つことができた。

そして何よりも読者に対するメッセージを明確にまとめ、多忙な我々を激励してくださった幻冬舎の四本恭子さんに心からお礼を申し上げたい。また一般読者に代わって様々な質問を投げかけて説明をわかりやすくするのを助けていただいた編集集団ＷａｗＷ！Ｐｕｂｌｉｓｈｉｎｇの乙丸益伸さんにも感謝したい。

２０１５年１月

浜田宏一

装丁／デジカル（萩原弦一郎）
写真／佐久間ナオヒト（ひび写真事務所）
構成／編集集団ＷａｗＷ！Ｐｕｂｌｉｓｈｉｎｇ（乙丸益伸、杉山洋祐）
図版・ＤＴＰ／中央制作社

著者／浜田宏一（はまだ こういち）

1936年東京都生まれ。内閣官房参与。イェール大学、東京大学名誉教授。経済学博士。1954年東京大学法学部に入学、1957年司法試験第二次試験合格。1958年同大学経済学部に学士入学。1965年経済学Ph.D.取得（イェール大学）。助手、助教授を経て1981年東京大学経済学部教授。1986年イェール大学経済学部教授。2001年から2003年までは内閣府経済社会総合研究所長を務める。法と経済学会の初代会長。『アメリカは日本経済の復活を知っている』『アベノミクスとTPPが創る日本』（ともに講談社）など著書多数。

著者／安達誠司（あだち せいじ）

1965年福岡県生まれ。エコノミスト。東京大学経済学部卒業。大和総研経済調査部、ドイツ証券経済調査部シニアエコノミスト等を経て、現在に至る。『昭和恐慌の研究』(共著、東洋経済新報社、2004年日経・経済図書文化賞受賞)、『脱デフレの歴史分析』（藤原書店、2006年河上肇賞受賞)、『恐慌脱出』（東洋経済新報社、2009年政策分析ネットワーク賞受賞)、『円高の正体』（光文社新書)、『ユーロの正体』（幻冬舎新書）など著書多数。

世界が日本経済をうらやむ日

2015年1月30日　第1刷発行

著者　浜田宏一　安達誠司

発行者　見城徹

発行所　株式会社 幻冬舎

〒151-0051　東京都渋谷区千駄ヶ谷4-9-7

電話　03(5411)6211(編集) 03(5411)6222(営業)

振替　00120-8-767643

印刷・製本所　株式会社 光邦

検印廃止

Printed in Japan

ISBN978-4-344-02716-9　C0095

幻冬舎ホームページアドレス　http://www.gentosha.co.jp/

この本に関するご意見・ご感想をメールでお寄せいただく場合は、

comment@gentosha.co.jpまで。